5e

12-13 ANS

Chouette

Rédaction

Anne-Marie Gorson-Tanguy
Alexandra Pulliat

Hatier

PAPIER À BASE DE FIBRES CERTIFIÉES

Hatier s'engage pour l'environnement en réduisant l'empreinte carbone de ses livres. Celle de cet exemplaire est de :
550 g éq. CO_2
Rendez-vous sur www.hatier-durable.fr

Achevé d'imprimer par Loire Offset Titoulet à Saint-Étienne - France
Dépôt légal n° 97628-5/01 - novembre 2013

IMPRIM'VERT

Suivi éditorial : Agnès Marot - Imaginemos
Maquette : Frédéric Jély
Illustrations : Adrien Siroy (dessins de la chouette), Martin Maniez, Axel Renaux
Mise en pages : Idbleu

 ISBN 978-2-218-97628-5

Voici **la liste des 27 chapitres de ton cahier Chouette**.
Quand tu as terminé le travail sur un chapitre, indique la date sur ton tableau de bord.

Ton tableau de bord

ÉCRIRE SANS FAUTE

1 Faire les accords nécessaires

Accorder le verbe avec son sujet

- Le verbe **s'accorde en personne**. Ainsi, quand tu rédiges un récit à la 1re personne du singulier, prends garde d'utiliser les terminaisons correspondant à cette personne.

Temps de l'indicatif	Groupe	Terminaisons	Exemple
Présent	1er groupe	-e	*j'arrive, j'admire, je crie*
	2e et 3e groupes	-s	*je finis, je vois, je viens, je lis*
Passé simple	1er groupe	-ai	*j'arrivai, j'admirai, je criai*
	2e et 3e groupes	-is, -ins, -us	*je finis, je vis, je vins, je lus*
Imparfait	tous les groupes	-ais	*j'arrivais, je voyais*

- Le verbe s'accorde **en nombre**. Si le sujet est un GN ou un pronom au pluriel, vérifie que tu as ajouté la **marque de pluriel *-(e)nt*** à la fin du verbe.
- Le sujet précède en général le verbe mais pas toujours. À toi de bien l'identifier en posant la question ***Qui est-ce qui... ?*** ou ***Qu'est-ce qui... ?*** suivie du verbe.

*Autour d'un pont qui enjamb**ait** le Grand Canal se ten**ait** un marché extraordinaire.*

1 Complète les verbes avec les terminaisons *-t* ou *-ent*.

Bougainville et son équipage explorent les côtes de la Patagonie.

À mesure que nous avions approché la terre, les insulaires avai .... environné les navires. L'affluence des pirogues fu .... si grande autour des vaisseaux, que nous eûmes beaucoup de peine à nous amarrer [...]. Tous venai .... en criant « tayo », qui veu .... dire « ami » [...]. Les pirogues étai .... remplies de femmes qui ne le cèd.............. pas, pour l'agrément de la figure, au plus grand nombre des Européennes [...].

L.-A. de Bougainville, *Voyage autour du monde*, 1772.

COUP DE POUCE

Les verbes sont accordés à la 3e personne du singulier ou du pluriel.

2 Après avoir souligné son sujet, conjugue à l'imparfait chaque verbe entre parenthèses.

Marco Polo arrive au palais du Grand Khan un après-midi de l'été 1275.

Ce vaste édifice (comprendre) .... un grand nombre de salles, chambres et corridors entièrement dorés et décorés de superbes peintures qui (représenter) .... des animaux, des oiseaux, des arbres et des fleurs. Au détour d'un couloir, nous débouchâmes sur une terrasse qui (surplomber) .... un grand parc. Devant mes yeux (s'étaler) .... des prairies arrosées de cours d'eau, des bosquets et des fontaines.

S. Mirza, *Sur les traces de Marco Polo*, © Gallimard jeunesse, 2002.

INFO

Marchand vénitien du XIIIe siècle, Marco Polo entreprend un voyage de vingt-cinq ans qui le conduira jusqu'en Chine. Là-bas, il se place au service de l'empereur, le Grand Khan. De retour en Italie, il met par écrit ses aventures dans *Le Livre des merveilles*.

Accorder un adjectif

▸ Voici un exemple : *C'est une ville magnifique... et fleuri..., environné... de beau... jardins.*
Pour réussir les accords dans cette phrase, suis cette démarche :

Méthode	Exemple
1. Pose la question ***Qui est-ce qui est... ?*** ou ***Qu'est-ce qui est... ?*** suivie de l'adjectif pour trouver le nom (ou pronom) auquel il se rapporte.	• *Qu'est-ce qui est magnifique, fleuri, environné ?* **une ville**. • *Qu'est-ce qui est beau ?* **des jardins**.
2. Cherche **le genre et le nombre** du nom.	• *ville* : fém. sing. • *jardins* : masc. pl.
3. Ajoute les **marques** correspondantes : en général ***-e*** pour le féminin, ***-s*** pour le pluriel (parfois ***-x***).	*C'est une ville magnifique et fleurie, environnée de beaux jardins.*

3 **Relie les adjectifs aux noms avec lesquels ils peuvent s'accorder.**

des villes •	• animé
un quartier •	• animée
des marchés •	• animés
une terrasse •	• animées

COUP DE POUCE
Détermine le genre et le nombre de chaque nom pour trouver le bon accord.

4 **Reconstitue le texte à l'aide des adjectifs suivants :**
ancienne – blanchies – magnifiques – principales – rebelle – située.

Marco Polo décrit la ville de Cambalu (certainement l'ancienne ville de Pékin).

La ville de Cambalu est .... sur le bord d'une rivière dans la province de Cathay ; elle est fort .... , et depuis longtemps le siège des rois. Le Grand Khan la changea de place et la transféra à un autre endroit de la rivière , ayant appris par les astrologues qu'elle devait être .... à l'empire. [...] Ses murailles sont .... [...]. Chaque long côté de la muraille a trois portes .... , qui font douze en tout ; auprès de chaque porte il y a de .... palais.

Marco Polo, *Le Devisement du monde* (1298), trad. de E. Müller, 1888.

5 **À TOI DE JOUER**
Lors d'un voyage ou d'une excursion, tu as eu l'occasion de découvrir un lieu (paysage, ville, monument...). Sur ton cahier de rédaction, écris un paragraphe à la 1re personne pour raconter ce que tu as vu et en quoi le lieu était surprenant.

1. Lors de mes dernières vacances, j'ai visité...
2. Avec les élèves de ma classe, nous sommes partis faire une excursion d'une journée à...

COUP DE POUCE
Tu peux utiliser le passé simple ou le passé composé comme temps de base.

Corrigés p. 2

ÉCRIRE SANS FAUTE

2 Utiliser le passé simple et l'imparfait

Distinguer l'emploi des deux temps

- Pour raconter des faits qui ont déjà eu lieu, tu utilises des temps du passé.
  En général, tu recours :
  – au passé composé et à l'imparfait dans **un récit à la 1re personne** (les faits sont présentés comme appartenant à un passé en lien avec le présent) ;
  – au passé simple et à l'imparfait dans **un récit à la 3e personne** (les faits sont présentés comme appartenant à un passé éloigné, sans lien avec le présent).
- L'**imparfait** est le **temps de la description**. Il permet :
  – de présenter les circonstances ;
  *Les coureurs **étaient** sur la ligne de départ, prêts à partir.*
  – de décrire un lieu ou un personnage.
  *Ce coureur **avait** une musculature puissante.*
- Le **passé simple** est le temps par excellence du récit. Il sert à rapporter les actions successives qui forment la trame du récit.
  *Dans un dernier effort, Mathias **accéléra** ses enjambées, **doubla** ses adversaires et **finit** premier sur la ligne d'arrivée.*

★ 1 Imparfait ou passé simple ? Coche la forme du verbe qui convient.

1. Alors que les coureurs ❑ se tenaient ❑ se tinrent prêts sur les starting-blocks, on ❑ donnait ❑ donna le signal du départ.

2. Björn Borg, qui ❑ jouait ❑ joua avec une petite raquette en bois, ❑ révolutionnait ❑ révolutionna le tennis avec son revers à deux mains.

3. En 2005, Ronaldinho ❑ se forgeait ❑ se forgea un statut de héros en inscrivant neuf buts en Ligue 1. Peu après, il ❑ se vit ❑ se voyait décerner le Ballon d'or.

COUP DE POUCE
Si le verbe exprime une circonstance ou une action secondaire, mets-le à l'imparfait.

★★ 2 Transpose ce récit au passé en utilisant l'imparfait ou le passé simple.

L'année 1911 démarre (.................................) par un exploit mémorable.
Le 2 janvier, à Colombes, devant 10 000 spectateurs aussi enthousiastes que frigorifiés, la France reçoit (.................................) l'Écosse. Ce jour-là, les Français s'imposent (.................................) 16 à 15 grâce à deux essais de leur ailier Pierre Failliot.
Champion de France du 400 mètres, celui que l'on surnomme (..............................) « l'Autobus », préserve (.................................) la victoire française en traversant le terrain pour venir plaquer l'ailier écossais Sutherland qui file (...........................) à l'essai. Colombes chavire (.................................) de bonheur. Deux mille personnes attendent (.................................) les héros du jour devant la porte des vestiaires, et entonnent (.................................) une émouvante Marseillaise.

G. Navarro, « Le rugby », *Revue TDC*, n° 938.

Ne pas se tromper sur les terminaisons

- À l'**imparfait**, tous les verbes se terminent par : **-ais, -ais, -ait, -ions, -iez, -aient**.
- Au **passé simple**, il faut tenir compte du groupe du verbe. Voici les différentes terminaisons de la 3e personne à ce temps.

Verbes du 1er groupe	-a, -èrent	*il accéléra, ils accélérèrent*
Verbes du 2e groupe	-it, -irent	*il grandit, ils grandirent*
Verbes du 3e groupe	-it, -irent ; -int, -inrent ; -ut, -urent	*il vit, ils virent ;* *il vint, ils vinrent ;* *il fut, ils furent*

3 **Complète le tableau ci-dessous.**

être, passé simple, 3e p. du singulier	....	*devoir*, imparfait, 2e p. du pluriel	....
avoir, imparfait, 3e p. du singulier	....	*grandir*, imparfait, 1re p. du singulier	....
admirer, passé simple, 3e p. du pluriel	....	*parvenir*, passé simple, 3e p. du pluriel	....

ATTENTION
Vérifie bien que, pour les verbes au passé simple, tu as employé les terminaisons *-a*, *-ut* et *-inrent*.

4 **Conjugue les verbes au temps demandé. Attention aux terminaisons.**

Le match (*commencer*, passé simple) à vingt heures. Le stade (*être*, imparfait) .... comble. Les spectateurs (*lancer*, imparfait) .... des cris pour encourager les équipes qui (*s'élancer*, passé simple) .... sur l'herbe et (*envahir*, passé simple) .... le terrain dès le coup de sifflet de l'arbitre.

Le match (*se dérouler*, passé simple) .... normalement.

COUP DE POUCE
Trois verbes s'accordent à la 3e personne du pluriel.

5 **À TOI DE JOUER**

À l'aide des indications ci-dessous, rédige la biographie de Zidane. Utilise le passé simple comme temps de base de ton récit.

23 juin 1972	Naissance à Marseille dans une cité.
1992-1996	Premières armes à Bordeaux.
1996-2001	Travaille et progresse au sein de la Juventus de Turin.
1998	Vainqueur de la Coupe du monde à Paris.
2000	Vainqueur du championnat d'Europe des Nations.
2001-2006	Joue au Real de Madrid pour 500 000 euros. Considéré comme le meilleur joueur du monde.
2006	Dernier match à Berlin, à l'occasion de la finale de la Coupe du monde opposant l'Italie à la France.

COUP DE POUCE
- Tu peux démarrer ton récit ainsi : *Zidane naquit à Marseille en juin 1972…*
- Vérifie que tous les verbes que tu as utilisés sont au passé simple ou à l'imparfait.

Corrigés p. 2

ÉCRIRE SANS FAUTE

3 Utiliser les temps composés de l'indicatif

Conjuguer un verbe à un temps composé

- Retiens la formule permettant de « fabriquer » un temps composé :

  auxiliaire *avoir ou être* + **participe passé** du verbe

  L'auxiliaire est conjugué à un temps simple. Avoir est l'auxiliaire le plus utilisé ; certains verbes exprimant le mouvement se conjuguent cependant avec être.
- Voici les quatre temps composés de l'indicatif :

Temps composé	Temps de l'auxiliaire	Exemple
passé composé	présent	*j'**ai** vu, je **suis** venu(e)*
plus-que-parfait	imparfait	*j'**avais** vu, j'**étais** venu(e)*
futur antérieur	futur	*j'**aurais** vu, je **serai** venu(e)*
passé antérieur	passé simple	*j'**eus** vu, je **fus** venu(e)*

1 Complète le tableau.

Verbe	Temps et personne	Réponse
finir	tu • passé composé	....
aller	vous • futur antérieur	....
courir	nous • plus-que-parfait	....
se raser	il • passé composé	....
partir	elle • passé antérieur	....
savoir	tu • plus-que-parfait	....

ATTENTION
Vérifie que tu as utilisé trois fois l'auxiliaire *être*. Prends garde alors à accorder le participe passé avec le pronom sujet.

2 Conjugue les verbes entre parenthèses au plus-que-parfait.

Bouleversé, Timothée repassait les événements de la matinée dans sa tête. C'est en se réveillant qu'il (comprendre) .... que quelque chose de mystérieux se passait en lui. Il (sentir) .... son pouls s'accélérer. Puis soudain, des poils (recouvrir) .... son corps, des griffes (surgir) .... au bout de ses membres, une grande queue (apparaître) .... Un ronronnement (s'échapper) .... de ses lèvres. Il (devenir) .... un chat.

ATTENTION
Prends garde à l'orthographe des participes passés. Deux d'entre eux se terminent par une consonne muette.

Écrire un participe passé sans faute

- Au masculin singulier, un participe passé se termine **le plus souvent par une voyelle** : *-é, -i* ou *-u*. Cependant, quelques participes passés se terminent par une consonne, *-s* ou *-t*, qu'on peut déceler en mettant le participe passé au féminin.

p. p. en -é	p. p. en -i	p. p. en -u	p. p. en -s	p. p. en -t
abonné	*choisi*	*connu*	*permis* (*permise*)	*offert* (*offerte*)

- **Attention !** À un temps simple, c'est le verbe qui prend les **marques de la personne.** Un temps composé, **c'est l'auxiliaire.**

*Tu choisis d'adopter un chat. ≠ Tu **as** choisi d'adopter un chat.*

3 **Participe passé ou verbe conjugué ? Coche la forme qui convient.**

1. Nous avions ❑ prit ❑ pris le train de nuit. – **2.** Il ❑ prit ❑ pris congé et se dirigea vers la sortie. – **3.** Il ❑ dû ❑ dut repartir le lendemain. – **4.** Ils ont ❑ dû ❑ dut insister longtemps.

COUP DE POUCE
Le verbe ne prend les marques de la personne que s'il est à un temps simple.

Comprendre l'emploi des temps composés

- Un temps composé permet d'exprimer **l'antériorité** d'une action par rapport à une autre.

Je lis (présent) *le livre que j'**ai acheté*** (passé composé) *hier.*

Je lisais (imparfait) *le livre que j'**avais acheté*** (plus-que-parfait) *hier.*

Demain, je lirai (futur) *le livre que j'**aurai acheté*** (futur antérieur) *à la librairie.*

4 **Mets les verbes entre parenthèses au temps composé qui convient.**

1. Quand tu (revenir) .... de ton cours de tennis, tu pourras regarder un film.

2. Un couple d'Américains (soigner) .... un papillon très rare. Après sa guérison, le papillon s'(envoler) ....

3. La jeune fille qui (fuguer) .... de chez ses parents jeudi dernier (regagner) .... son domicile hier.

COUP DE POUCE
Vérifie que tu as employé trois fois le passé composé, une fois le plus-que-parfait et une fois le futur antérieur.

5 **À TOI DE JOUER**

Sur ton cahier de rédaction, raconte ta journée d'hier en utilisant le passé composé comme temps de base. Tu peux utiliser les amorces qui suivent.

1. J'ai rarement vécu une journée aussi catastrophique qu'hier. Je me suis réveillé(e)...

2. En me réveillant hier matin, j'avais l'apparence d'un chien. Au bonjour matinal de ma mère, j'ai répondu par un aboiement...

COUP DE POUCE
- N'hésite pas à mettre un peu d'humour dans ta narration.
- Grâce à l'amorce 2, tu peux créer un récit fantastique.

Corrigés p. 3

ÉCRIRE SANS FAUTE

4 Utiliser la voix active et la voix passive

Comprendre la construction passive

- Observe la phrase suivante :

  450 000 films ***sont téléchargés*** *illégalement chaque jour en France.*

  Elle est à la voix passive : le sujet du verbe (*450 000 films*) n'est pas celui qui agit ; *il* est **l'objet** sur lequel porte **l'action**.

- La voix passive est utile pour **décrire** et mettre en valeur des **explications**, on la trouve souvent dans les documentaires ou les articles de presse.

1 **Dans cet article de journal qui parle de la loi sur le téléchargement illégal, souligne les phrases à la voix passive.**

Que prévoit le texte ? Les fraudeurs sont repérés grâce à leur adresse IP. Ils reçoivent un avertissement par e-mail, puis un second. S'ils continuent à pirater, ils peuvent être privés pendant un temps d'accès à Internet. L'autre grand point de la loi est la création de l'HADOPI. Cette institution est saisie par les ayants droit qui ont repéré des internautes indélicats. Elle est chargée d'envoyer les avertissements et, si nécessaire, de décider la suspension d'une ligne Internet.

INFO

- L'Hadopi est la Haute autorité pour la diffusion des œuvres et la protection des droits sur internet.
- L'ayant droit (pl. ayants droit) est une personne bénéficiant d'un droit en raison de sa situation juridique.

2 **Complète chacune des phrases suivantes à l'aise d'un complément d'agent choisi dans la liste suivante :** par le principal – par les secours – par les télévisions – par la loi.

1. Ces images ont été retransmises .... du monde entier.
2. Le patient a été ranimé ....
3. Les trafiquants sont condamnés à de lourdes peines ....
4. Les élèves ont été récompensés .... pour avoir créé un journal.

INFO

Le complément d'agent désigne celui qui fait l'action exprimée par le verbe au passif. Il est introduit par les prépositions *par* ou *de*.

La conjugaison passive aux temps principaux de l'indicatif

Temps	Voix active	Voix passive
Présent	je soigne	*je* ***suis soigné(e)***
Imparfait	tu aimais	*tu* ***étais aimé(e)***
Futur	il emmènera	*il* ***sera emmené***
Passé simple	nous choisîmes	*nous* ***fûmes choisi(e)s***
Passé composé	vous avez interrogé	*vous* ***avez été interrogé(e)s***
Plus-que-parfait	ils avaient préparé	*ils* ***avaient été préparés***

Note bien qu'à la voix passive, le participe passé des verbes s'accorde en genre et en nombre avec le sujet.

Elle est conduite, ils sont conduits.

3 **Transforme les phrases suivantes à la voix passive en respectant le temps du verbe.**

1. On diffuse ce soir le nouveau dessin animé des studios Pixar.

....

....

2. Le ministère a interdit la vente de barres chocolatées aux récréations des écoles.

....

....

3. Les membres du jury décerneront ce soir le prix Goncourt de l'année.

....

4. L'architecte Jean Nouvel élabora les plans du musée du quai Branly.

....

5. Les organisateurs avaient annulé la rencontre en raison de la pluie.

....

COUP DE POUCE

- Le COD devient le complément d'agent à la voix passive.
- Il est introduit par *par*. Lorsqu'il n'y a pas de complément d'agent, le sujet du verbe est *on*.

4 **Invente maintenant tes propres phrases à la voix passive en rajoutant un verbe qui peut réunir ces couples de groupes nominaux.**

1. les patients, le personnel médical

....

2. les manifestants, les CRS

....

3. le téléchargement illégal, la loi

....

4. la Gaule, Jules César

....

COUP DE POUCE

Essaie d'utiliser différents temps de la voix passive en t'aidant du tableau de la leçon.

5 **À TOI DE JOUER**

En t'inspirant des exercices précédents, rédige sur ton cahier de rédaction un texte écrit à la manière d'un article de journal pour raconter l'histoire qui t'est présentée sous forme de vignettes successives. Tu utiliseras au moins trois tournures passives.

COUP DE POUCE

Donne un nom au joueur de tennis. Observe qu'il brandit la coupe du vainqueur et qu'il est ensuite félicité par un représentant de l'État.

Corrigés p. 3

ÉCRIRE SANS FAUTE

5 Réussir l'accord du participe passé

L'accord du participe passé employé seul ou avec l'auxiliaire *être*

Cas	Règle	Exemple
Le participe passé est employé **seul**.	Accord en genre et en nombre **avec le nom** auquel il se rapporte (comme un adjectif).	*Le fauteuil, inventé par les Égyptiens, comporte un dossier et des accoudoirs.*
Le participe est employé avec l'auxiliaire *être*.	Accord en genre et en nombre **avec le sujet** du verbe.	*La nouvelle version de cette chaise est prévue pour épouser au mieux la forme du corps.*

★ 1 Complète les phrases suivantes à l'aide des participes proposés : apparue – réinventée – commercialisé – conçus – fabriqué – né**.**

1. Le design consiste à créer des objets à la fois beaux, utiles et fonctionnels, ... par des spécialistes.

2. L'objet est d'abord .... en usine, avant d'être .... en grand nombre dans les magasins.

3. Le design, ... dès les années 1850, concerne beaucoup d'objets du quotidien.

4. Par exemple, la chaise, qui est .... dans l'Antiquité, a été .... par un designer comme Charlotte Perriand (1903 - 1999).

ATTENTION

Tiens compte à la fois du sens et de la terminaison des participes passés proposés.

★★ 2 a. Dans ce texte qui raconte l'histoire de la table et de la chaise, complète les terminaisons des participes passés.

> On suppose que les premiers sièges étaient des blocs de pierre, puis de simples plans de bois recouvert.............. d'un coussin. Ce sont [...] les Égyptiens qui ont ajouté un dossier pour soutenir le dos et des accoudoirs pour reposer les bras. Ainsi sont né.............. les chaises et les fauteuils. Les chaises sont apparu.............. lorsque l'homme a eu besoin d'un plan d'appui. Puis on a fixé quatre pieds à ces tablettes qui sont devenu.............. des tables. Elles ont d'abord été utilisé .... pour écrire, puis pour la présentation des plats, et enfin pour manger tout autour. Ces quelques exemples montrent que les hommes ont progressivement amélioré les objets de leur quotidien parce que leurs besoins ont évolué et, avec eux, leur façon de vivre.

C'est quoi le design ?, Claire Fayolle

COUP DE POUCE

Commence par repérer le nom ou le sujet avec lequel le participe s'accorde.

b. Souligne deux participes employés avec l'auxiliaire *avoir*.

L'accord du participe passé employé avec l'auxiliaire avoir

Cas	Règle	Exemple
Le verbe n'**a pas de COD**, ou un COD placé **après** lui.	Le participe reste **invariable**	*Les matières plastiques ont bouleversé le décor moderne.*
Le verbe a un **COD** placé **avant** lui.	Accord **avec le COD**.	*Quelles matières ont été utilisé**es** pour réaliser cette lampe ?*

3 **Accorde correctement les participes passés.**

1. La bouteille Orangina n'est pas comme les autres. Dès ses débuts, la marque a choisi .... de créer une bouteille à la forme originale. Pour être en cohérence avec le nom de la boisson, c'est tout naturellement la forme de l'orange qu'on lui a donné .... ! Depuis, cette bouteille est devenu .... l'emblème de la marque.

2. En 1970, un ingénieur a inventé .... une colle à faible pouvoir adhésif, qui permettait à une feuille d'être collé .... décollé .... et recollé .... à volonté, sans laisser de trace. Cette colle miracle, deux hommes l'ont utilisé .... pour créer en 1974 .... le post-it !

ATTENTION
Le COD peut être un pronom. Tu dois trouver le nom qu'il remplace pour faire l'accord.

4 **À TOI DE JOUER**

Donne une définition de chaque objet. Utilise dans chaque définition un ou deux participes passés.

Ex. : *L'invention de la machine à pain a permis aux particuliers de fabriquer leur propre pain. Le résultat est garanti puisque les ingrédients sont pétris et cuits dans le respect des règles de la boulangerie.*

COUP DE POUCE
Tu peux rechercher sur internet des informati ons sur les objets proposés.

1. un iPad

....

....

....

2. une voiture électrique

....

....

....

3. un vêtement antitranspirant

....

....

....

Corrigés p. 4

ÉCRIRE SANS FAUTE

6 Employer le conditionnel

Conjuguer un verbe à un temps composé

- Le **conditionnel présent** :

radical du futur du verbe + terminaisons de l'imparfait (voir p. 7)

je mang**erai** [futur] → je mang**erais** [conditionnel]

Ne confonds pas le futur avec le conditionnel présent à la 1re personne du singulier (terminaisons : *-ai/-ais*). Pour cela, passe le verbe à la 3e personne du singulier (*-a/-ait*).

je chant**erai** → il chant**era** [futur] ; je chant**erais** → il chant**erait** [conditionnel]

Attention aux radicaux du futur des verbes !

*aller : j'**irai** ; courir : je **courrai** ; essayer : j'**essaierai**...*

- Le **conditionnel passé** :

auxiliaire être ou avoir au conditionnel présent + participe passé du verbe

j'aurais vu, je serais parti

1 **Complète le tableau suivant.**

	Conditionnel présent	Conditionnel passé
avoir	je	je ....
être	tu	tu ....
aller	elle	elle ....
faire	il	il ....
grandir	nous	nous ....
jeter	vous	vous ....
pouvoir	ils	ils ....

ATTENTION

- Le verbe *jeter* double le *t* au conditionnel présent (et au futur).
- Le verbe *pouvoir* change de radical !

2 **Conjugue les verbes entre parenthèses au futur de l'indicatif ou au conditionnel présent, selon le sens de la phrase.**

1. Demain, je (venir) .... à l'école à pied au lieu de prendre la voiture.

2. J'(aimer) .... que mes parents achètent une voiture électrique.

3. Si ma mairie mettait en place le tri sélectif, je (trier) .... volontiers mes déchets.

4. Quand je serai plus grand, je (s'engager) .... dans une association pour l'écologie et la sauvegarde de la planète.

COUP DE POUCE

Pour savoir si tu dois utiliser le conditionnel (*-ais*) ou le futur (*-ai*), tu peux remplacer *je* par *nous*.

ATTENTION

Au futur et au conditionnel, le verbe *trier* conserve le *e* du radical.

Maîtriser les emplois du conditionnel

- **Le fait soumis à une condition : *Si...* + conditionnel**
  Une proposition introduite par si peut exprimer une condition ou une hypothèse ; dans la proposition principale, on emploie alors le conditionnel.
  *Si nous prenions moins l'avion, nous **produirions** moins de CO2.*
  *S'il avait pu se libérer hier, il nous **aurait accompagnés** à la conférence sur le climat.*

- **L'atténuation**
  Le conditionnel permet aussi d'exprimer un souhait ou une volonté de manière atténuée.
  *Je **voudrais** que vous puissiez venir avec nous demain.*

3 Complète chacune des phrases en mettant le verbe au conditionnel présent.

Si on pouvait construire un monde plus juste, ...

1. trois milliards d'hommes ne (vivre) .... pas avec seulement 2 euros par jour.
2. beaucoup moins de guerres (éclater) .... dans le monde.
3. le nombre de dictatures (diminuer) ....
4. dans aucun pays les hommes ne (craindre) .... de dire ce qu'ils pensent.
5. les pays riches (prêter) .... de l'argent aux pays pauvres.
6. les femmes (obtenir) .... partout les mêmes droits que les hommes.

COUP DE POUCE
Tous les verbes sont à la 3e personne du pluriel sauf un (dans la phrase 3).

4 Complète les phrases suivantes en imaginant ce qui pourrait se passer si on se mettait à rêver d'un autre monde... ou si on s'y était mis plus tôt !

1. Si j'achetais moins de produits emballés, ...
....
2. Si on inventait des voitures sans essence pour tous, ...
....
3. Si nous prenions moins de bains, ...
....
4. Si vingt ans auparavant, les hommes avaient maîtrisé leurs émissions de CO2, ...
....

ATTENTION
Dans la dernière phrase, tu dois utiliser le conditionnel passé.

5 À TOI DE JOUER

Sur ton cahier de rédaction, évoque un monde idéal en imaginant des mesures que tu mettrais en place si tu étais président.

Commence ainsi ton texte : « Si j'étais président, je... »

COUP DE POUCE
Tu peux reprendre des idées qui ont été exprimées dans l'exercice 3.

Corrigés p. 4

7 Employer le subjonctif

Conjuguer un verbe au subjonctif présent

- La formation du subjonctif présent varie selon le groupe du verbe.

	Formation	Exemple
1er groupe	Radical du verbe à l'infinitif + *-e, -es, -e, -ions, -iez, -ent*	danser : *que je danse, que nous dansions*
2e groupe	Radical du verbe à l'infinitif + *-isse, -isses, -isse, -issions, -issiez, -issent*	finir : *que tu finisses, que vous finissiez*
3e groupe	Ces verbes ont souvent un radical différent au subjonctif présent. Mais les terminaisons sont toujours : *-e, -es, -e, -ions, -iez, -ent.*	aller : *qu'il **aille**,* faire : *qu'il **fasse**,* pouvoir : *qu'il **puisse**,* prendre : *qu'il **prenne**,* savoir : *qu'il **sache**,* pouvoir : *qu'il **puisse***

- Attention, certaines formes du **subjonctif présent** et de l'**indicatif** sont identiques. Pour savoir si le verbe est au subjonctif ou à l'indicatif, remplace-le par ***faire***.

*Je voudrais qu'il m'**invite**. → Je voudrais qu'il **fasse*** **(et non *qu'il fait*). = subjonctif**

1 ★ **Complète le tableau en conjuguant *être* et *avoir* au subjonctif présent.**

Être	Avoir
Que je sois	Que j' ....
Que tu	Que tu aies
Qu'il soit	Qu'il ....
Que nous	Que nous ayons
Que vous soyez	Que vous ....
Qu'ils	Qu'ils ....

COUP DE POUCE
Aide-toi des formes déjà inscrites dans le tableau.

2 ★★ **Conjugue au subjonctif présent les verbes entre parenthèses.**

Je souhaite qu'on (élucider) .... ce mystère. Il faut qu'on (comprendre) .... ce qui s'est passé. J'ai besoin que vous m' (aider) .... : appelez tous vos agents. Qu'ils (faire) .... des rondes dans le quartier. Je veux qu'ils (noter) .... tout ce qu'ils remarquent d'anormal et me le (dire) .... Veillez à ce que l'affaire (être) .... entre de bonnes mains et qu'on (éclaircir) .... toute cette affaire !

ATTENTION
Le radical de *comprendre* au subjonctif présent est *comprenn-*, celui de *faire* est *fass-*.

Maîtriser les emplois du subjonctif

On utilise le subjonctif pour exprimer des actions **possibles, incertaines,** mais aussi la **volonté** ou le **souhait**.

- Dans une proposition **indépendante**, le subjonctif permet d'exprimer l'ordre ou la défense, le souhait, la surprise ou l'indignation.
  *Qu'il **vienne** !* **[ordre]** – *Qu'il ne **parte** pas !* **[défense]** – ***Puisse**-t-il réussir son examen !* **[souhait]** – *Qu'un tel homme **soit** coupable, ce n'est pas possible !* **[surprise]**
- Dans une proposition **subordonnée**, on peut trouver le subjonctif après certains verbes de volonté, de souhait ou de crainte (*je veux que, j'aimerais que, je crains que...*) ou certaines expressions figées (*il faut que, il semble que...*).

3 **Transpose les phrases suivantes à la 3e personne du singulier ou du pluriel.**

Ex : *Ne pars pas ! → Qu'il ne parte pas ! ; Ne partez pas ! → Qu'ils ne partent pas !*

Ne t'enfuis pas ! → ....

Ne courez pas si vite ! → ....

Avoue maintenant ! → ....

Réponds à présent ! → ....

ATTENTION
Aux troisièmes personnes du singulier et du pluriel, le subjonctif remplace l'impératif.

4 **Pour chaque situation, invente une phrase avec un verbe au subjonctif qui respecte la nuance de sens proposée.**

1. Un enfant espère un cadeau. (souhait)

....

2. Un commissaire demande à ce qu'on fasse entrer le prévenu dans son bureau. (ordre)

....

3. Un policier demande à une bande de malfaiteurs de ne pas bouger. (défense)

....

4. Un accident s'est produit. Son auteur prétend qu'il ne roulait qu'à 50 km/h. La victime s'indigne. (indignation) Que vous ....

.... ? Cela m'étonnerait ! (surprise)

COUP DE POUCE
Dans la phrase 3, rédige un ordre au subjonctif avec le sujet *on*.

5 **À TOI DE JOUER**

Une femme demande à un détective de retrouver son mari disparu.
Sur ton cahier de rédaction, imagine les souhaits et les volontés qu'elle exprime.

a. Utilise les formules suivantes : *Je voudrais que... Il faut que... Pourvu que...*

b. Puis complète les phrases du détective : il lui pose quelques questions pour mieux comprendre ce qui s'est passé et débuter son enquête.

Utilise les formules suivantes : *Pensez-vous qu'il... ? Je m'étonne qu'il... Où croyez-vous qu'il...*

COUP DE POUCE
Tu peux rédiger deux paragraphes bien distincts (la femme s'exprime, puis le détective) ou mettre en place un dialogue.

Corrigés p. 5

8 Bien orthographier des homonymes

Les homonymes lexicaux

- Des homonymes sont des mots qui se prononcent de la même façon, mais qui ne s'écrivent pas pareil et n'ont pas le même sens : *verre, vers, vert...* Ce sont donc le **sens** du mot et le **contexte de la phrase** qui permettent de trouver la bonne orthographe.

★★ 1 À l'aide des définitions ou des synonymes, trouve les homonymes des mots en couleur.

1. Fois. → Organe : ....

→ Croyance : ....

2. Conte. → Noble : ....

→ Total, somme : ....

3. Coût. → Partie du corps : ....

→ Choc : ....

4. Mer. → Parent : ....

→ Il dirige ta ville : ....

COUP DE POUCE
Si tu n'es pas sûr de l'orthographe d'un mot, cherche dans le dictionnaire.

Les homonymes grammaticaux (1)

- Les homonymes grammaticaux n'ont pas la même **classe grammaticale**.

a, à	*Le héros du manga **a** de grands yeux.* → a = avait	**ou, où**	*Lis-tu du manga **ou** des BD européennes ?*
ce, se	***Ce** manga **se** lit vite.* → Devant un nom, on écrit *ce*. Devant un verbe, on écrit *se*.	**on, ont**	*Les éditeurs occidentaux **ont** adopté le sens de lecture japonais.* → ont = avaient
et, est	*La culture manga **est** très présente aux États-Unis et en Europe.* → est = était	**peu, peux, peut**	*Un manga présente des décors **peu** fouillés.* → peu = beaucoup
leur, leurs	*Je leur ai rendu leurs mangas car je les avais tous lus.* → Devant un nom, *leur(s)* s'accorde.	**son, sont**	*Les mangas **sont** presque toujours en noir et blanc.* → sont = étaient

★ 2 Choisis et coche la forme correcte dans les phrases suivantes.

1. J'aime rencontrer une personne qui ❑ et ❑ est « fan » des mêmes mangas que moi, car ❑ on ❑ ont a alors une passion commune ❑ a ❑ à partager. – **2.** Ces livres ❑ son ❑ sont des bandes dessinées qui ❑ ce ❑ se lisent à l'envers. – **3.** Les fans de mangas vénèrent ❑ leur ❑ leurs héros, ils ❑ leur ❑ leurs vouent une admiration sans bornes !

COUP DE POUCE
Pour choisir entre *se* et *ce*, tu peux aussi te demander si tu as affaire à un verbe pronominal (ici, *se lire*).

Les homonymes grammaticaux (2)

Homonyme	Exemple
ces → **sert** à montrer **ses** → exprime la possession **c'est** = voilà **s'est** → le s' renvoie au sujet	***Ces*** *livres sont intéressants.* *Je lui emprunterais bien* ***ses*** *livres.* ***C'est*** *un livre passionnant !* *Il* ***s'est*** *passionné pour ce livre.*
si → cas le plus courant **s'y** → précède un verbe (le s renvoie au sujet)	***Si*** *je pouvais, je prendrais l'avion pour Tokyo.* *Le foire internationale du manga* ***s'y*** *déroule actuellement.*
ni → précède un nom ou un pronom **n'y** → précède un verbe	*Il ne veut* ***ni*** *lire,* ***ni*** *regarder la télévision.* *Il n'aime pas la lecture : il* ***n'y*** *prend aucun plaisir.*
sans → idée de privation **s'en** → précède un verbe (le s renvoie au sujet)	*Je ne peux pas m'endormir* ***sans*** *lire le soir.* *Il* ***ni*** *veut d'avoir oublié le manga qu'il voulait offrir à sa sœur.*
là = ici **la** → introduit ou remplace un nom **l'a** = l'avait	***Là****, on vient pour lire.* ***La*** *lecture est un passe-temps agréable.* *Il* ***l'a*** *toujours dit.*

3 **Sur ton cahier de rédaction, transpose ce texte au passé composé.**

Dans *Quartier lointain*, un manga de J. Tanigushi, le héros adulte se retrouve transporté dans la peau de ses quatorze ans. Ce voyage dans le passé le replonge peu avant le moment où son père avait quitté sa famille. Au terme de son voyage, le héros comprend la décision de son père ; il l'accepte.

ATTENTION
Veille à bien orthographier les mots en couleur !

4 **Ce texte présentant le manga *Naruto* comporte quatre fautes. Souligne-les, puis recopie le texte correctement sur ton cahier de rédaction.**

Naruto et un jeune élève ninja. S'est l'élève le plus dissipé de sa classe ; comme il est orphelin, il cherche à se faire remarquer en faisant le pitre. Il souhaite réaliser son rêve, qui est de devenir *hokage* (un puissant ninja) : il si emploie en travaillant dur aux côtés de ses amis, *Sakura* et *Sasuke*. Mais il ni parviendra que s'il découvre le secret qu'il cache en lui…

5 À TOI DE JOUER
Sur ton cahier de rédaction, imagine ce qui peut arriver à Glass Heart, l'héroïne d'*Angel Heart*. Utilise au moins cinq mots possédant des homonymes.

Le manga commence ainsi : Glass Heart, une jeune tueuse à gages de 14 ans, tente de se suicider. Pour la sauver, on lui greffe un nouveau cœur. Glass Heart commence alors à ressentir les émotions et les souvenirs de la jeune femme à qui le cœur appartenait…

COUP DE POUCE
Tu peux utiliser des homonymes grammaticaux ou lexicaux (*cour/court ; air/erre ; mal/malle ; panser/penser ; sain/saint…*).

Corrigés p. 5

AMÉLIORER SON EXPRESSION

9 Préciser les circonstances de l'action (1)

Reconnaître un complément circonstanciel

- Pour écrire un récit, tu vas avoir besoin de donner des précisions à l'aide de compléments circonstanciels (CC) variés.

Sens du CC	Ce qu'il exprime	Question associée	Exemple
CC de temps	Le moment, la durée ou la fréquence de l'action.	Quand ?	*Le combat se déroula* ***durant plusieurs heures****.*
CC de lieu	Le lieu où se déroule l'action.	Où ?	*Le seigneur sortit* ***de son château****.*
CC de manière	La manière dont se déroule l'action.	Comment ?	*Ils se battirent* ***avec courage****.*
CC de moyen	Le moyen grâce auquel l'action se déroule.	Avec quoi ?	*Il attaqua le château* ***avec des armes****.*

1 Replace les CC suivants à la bonne place (indique leur numéro) :

1. devant lui – 2. en brandissant deux lièvres et un faisan doré – 3. en tremblant – 4. sur la place – 5. sur leur village – 6. vers leurs maisons.

Renaud, le sire de Morlange, est un seigneur cruel et dénué de scrupules.

Quelques heures plus tard, les paysans voyaient fondre .... une horde de cavaliers, le sire de Morlange à leur tête. Ils lâchèrent leurs fagots de bois mort, coururent .... Déjà, le comte enfonçait une porte. Les femmes et les enfants sortirent, se regroupèrent .... [...] Renaud regardait s'entasser .... les pots de graisse, le lard et les jambons, les morceaux des cochons tués et salés .... Un garde sortit d'une maison .... [...].

A. Surget, *Le Renard de Morlange*, © Nathan poche, 1995.

INFO

- Un *vilain* est un paysan libre.
- Un *braconnier* est un chasseur qui chasse sans autorisation sur des terres ne lui appartenant pas.

2 Souligne les CC de lieu en rouge, les CC de temps en vert, et les CC de manière en bleu.

Mathilde, la femme du seigneur, suit son mari à son insu pour en savoir plus sur ses activités.

La poterne s'ouvrit sans bruit. Une silhouette noire se faufila hors du château [...]. Vêtue d'un costume de page, la comtesse Mathilde profita de ce que la sentinelle faisait le tour du chemin de ronde pour courir vers un bosquet tout proche et s'y cacher. [...] Un peu plus tard, elle vit descendre le pont-levis, [et] Renaud de Morlange s'engager par-dessus le fossé [...]. Le seigneur passa près d'elle, se dirigea droit vers la forêt. Elle lui laissa

COUP DE POUCE

Il y a neuf CC de lieu, deux CC de temps et trois CC de manière. Dans cet extrait, les CC de manière contribuent à créer une ambiance fantastique.

une courte avance, quitta son abri et se mit à le suivre en se coulant dans les zones d'ombre... [...]. Le sire la mena ainsi jusqu'à la source de la Lenderre [...].
« Que vient-il faire là ? » s'étonnait-elle. La surprise faillit lui arracher un cri lorsqu'elle le vit se déshabiller entièrement [...] et entrer dans l'eau en s'aspergeant jusqu'aux épaules. Il disparut dans la mare. Elle en eut un hoquet de stupeur, s'approcha. Quelque chose flottait à la surface [...]. La dame n'eut aucun mal à reconnaître une tête. Une tête de renard !

Ibid

Varier les constructions

- Les CC appartiennent à diverses classes grammaticales : une même circonstance peut être rédigée de plusieurs manières.
Tu dois choisir celle qui convient le mieux à l'idée que tu veux exprimer.

Classe grammaticale du CC	Exemple
Un groupe nominal	***Par la fenêtre**, elle aperçut une ombre.*
Une proposition subordonnée	***Lorsqu'elle regarda au loin**, elle aperçut une ombre.*
Un groupe infinitif (introduit par une préposition)	***Au moment de regarder par la fenêtre**, elle aperçut une ombre.*
Un groupe gérondif (*en* + forme verbale en *-ant*)	***En regardant par la fenêtre**, elle aperçut une ombre.*

3 Réécris les phrases suivantes en modifiant la classe grammaticale du CC (respecte celle indiquée entre parenthèses).

1. Quand la nuit tomba, il rentra au château. (GN précédé de *à*)

....

2. Après qu'il eut vu les ennemis arriver, il décida de convoquer son armée. (groupe infinitif précédé de *après*)

....

3. Ils s'avancèrent à tâtons dans les fourrés. (groupe gérondif)

....

4. Elle écrivait en utilisant une plume bien taillée. (GN précédé d'avec)

....

COUP DE POUCE
Phrase 3 : pense au verbe *tâtonner*.

4 À TOI DE JOUER
Imagine que ton ordinateur te permette de voyager dans le temps et de remonter à l'époque des châteaux-forts...

Sur ton cahier de rédaction, écris trois paragraphes :
– raconte les circonstances de ton départ en quelques lignes ;
– décris ensuite ce que tu découvres en arrivant ;
– enfin, raconte ton retour dans notre époque.

Corrigés p. 6

10 Préciser les circonstances de l'action (2)

Distinguer le sens d'un complément circonstanciel

- Pour décrire avec précision les actions des personnages, tu peux également utiliser des CC de **cause**, de **conséquence**, de **but** ou de **comparaison**.

Sens du CC	Ce qu'il exprime	Question associée	Exemple
CC de cause	La raison d'une action, le pourquoi.	Pourquoi ?	*Renart a peur **à cause de son reflet dans le puits**.*
CC de conséquence	Le résultat de l'action.	Quelle conséquence ?	*Renart eut peur **au point de s'enfuir**.*
CC de but	La manière dont se déroule l'action.	Dans quel but ?	*Renart cherche des ruses **pour tromper les autres**.*
CC de comparaison	Il compare une action à un autre élément.	Comme quoi ? Comme qui ?	*Dans Le Roman de Renart, les animaux parlent **comme des hommes**.*

1 **a. Replace les CC à leur bonne place dans les phrases suivantes :** au point de l'entourer complètement – de manière à lui couper la queue – en raison de l'arrivée à cheval de Sire Martin – pour laisser venir les poissons – pour voir ce qui va se passer.

1. Renart prend le seau, et le lui attache à la queue, du mieux qu'il peut. « Frère, dit-il, il vous faut maintenant rester tranquille .... »

2. Renart s'est caché dans un buisson, le museau entre ses pattes, ...

3. La glace se referme autour du seau noué à la queue du loup ....

4. Isengrin fut tout effrayé ....

5. Sire Martin tire son épée et s'approche ....

b. Indique le sens de chacun des CC de l'exercice précédent.

1. CC de .... **2.** CC de ....

3. CC de .... **4.** CC de ....

5. CC de ....

INFO

Le *Roman de Renart* est formé de plusieurs récits qui ont été inventés au Moyen Âge. Le personnage principal de ces récits est un renard plein d'habileté et de ruse.

COUP DE POUCE

Demande-toi à quelle question répond chaque complément.

Former un complément circonstanciel

- Tu as le choix entre plusieurs classes grammaticales de compléments circonstanciels et différents mots introducteurs.

	Mot introducteur	Classe du CC	Exemple
Cause	à cause de, grâce à, en raison de...	+ GN	***Grâce à leur fusil**, les fermiers ont chassé Renart.*
Conséquence	au point de, de façon à...	+ infinitif	*Renart flatte Tiécelin **au point d'obtenir son fromage**.*
But	pour, en vue de...	+ GN	*Renart agit toujours **pour son intérêt**.*
	pour, en vue de, afin de	+ infinitif	*Les fermiers s'unissent contre Renart **pour l'empêcher de nuire**.*
Comparaison	à la façon de, en comparaison de...	+ GN	*Renart se comporte **à la façon d'un innocent**.*

2 **Complète les phrases suivantes par les CC indiqués en couleur.**

1. Renart est toujours puni (CC de cause ; *à cause de* + GN)

....

2. Renart n'est jamais malheureux (CC de conséquence ; *au point de* + infinitif)

....

3. La queue coupée, le loup Isengrin hurle (CC de cause ; *en raison de* + GN)

....

4. Renart s'est levé de bon matin et s'est mis en route (CC de but ; *afin de* + infinitif)

....

5. Le soir, après avoir bien mangé, Renart dort (CC de comparaison ; *à la manière d'* + GN)

....

INFO

Dans le *Roman de Renart*, Renart a toujours faim et cherche sans cesse de la nourriture. Il se sert des autres, mais il est parfois puni.

3 **À TOI DE JOUER**

Sur ton cahier de rédaction, réécris cet épisode du Roman de Renart en complétant les groupes verbaux soulignés à l'aide des CC demandés.

Ex : *Renart est très contrarié* (cause) → *Renart est très contrarié à cause de sa capture.*

C'est l'hiver. Renart a faim (cause). Il aperçoit des marchands avec une charrette pleine de poissons. À leur passage, il fait semblant d'être mort (but). Les marchands décident de le l'emmener avec eux (but). Pendant le voyage, Renart charge sa besace de poissons et il saute de la charrette en route. Mais les marchands s'en aperçoivent ! Ils lui courent après, mais ne peuvent le rattraper (cause). Renart rentre chez lui auprès de Dame Hermeline, et tous deux mangent les poissons (comparaison).

COUP DE POUCE

Pour introduire les compléments de cause, tu peux employer *à cause de*, *parce que*. Pour les compléments de but, *pour*, *afin de*.

Corrigés p. 6

AMÉLIORER SON EXPRESSION

11 Utiliser des propositions relatives

Comprendre le rôle d'une proposition relative

- Comme les autres expansions du nom ou du GN, la proposition subordonnée relative permet d'**apporter des précisions** sur la personne ou l'objet auquel elle se rapporte.

*L'effrayant capitaine des pirates, **qui tenait à la main un sabre**, s'appelait Harold.*

1 **Dans ce texte qui décrit un combat de pirates, replace les propositions relatives à l'endroit qui convient :** avec lesquelles ils donnèrent l'assaut – qui signifiaient le début des hostilités – que lançaient le s hommes habitués au combat – sur lequel les deux équipages naviguaient.

L'océan .... était déchaîné. Malgré cela, on entendit les hurlements .... Des ordres .... fusèrent de part et d'autre. Les matelots brandirent les armes les plus variées, ... Le combat était engagé.

COUP DE POUCE
Aide-toi du sens et des accords *(lesquelles/lequel).*

2 **Complète ce portrait d'un pirate avec les propositions relatives de ton choix.**

L'homme était vêtu d'une chemise qui ....

On devinait qu'il avait une jambe de bois à la manière dont il ....

Le navire avec lequel il .... était à quai et faisait l'objet du regard des curieux.

COUP DE POUCE
On te donne les pronoms relatifs, il faut imaginer leur contenu !

Utiliser le pronom relatif qui convient

- Le choix du pronom relatif dépend de la **fonction** qu'il occupe dans la proposition. Voici un récapitulatif à compléter avec des exemples de l'exercice 3.

Pronom relatif	Fonction dans la prop. relative	Exemple
qui	sujet	....
que	COD	....
dont	complément introduit par *de* (COI, complément du nom)	***dont*** *sa mâchoire pendait (dont = d'une manière)*
où	CC de lieu ou de temps	*où se trouvait le trésor*
prép. + lequel	complément introduit par *à* (COI, COS), *dans, avec...* (CC)	....

3 **Complète le tableau précédent avec des exemples tirés de ce texte.**

> Puis, avec un gémissement sourd, il se souleva et reprit l'attitude dans laquelle je l'avais vu d'abord. Ce gémissement, qui indiquait une souffrance et une fatigue mortelles, et la manière dont sa mâchoire pendait m'allèrent au cœur. Mais je me rappelai la conversation que j'avais entendue du fond du tonneau aux pommes, et toute pitié m'abandonna.

R. L. Stevenson, *L'Île au trésor* (1883), trad. P. Lorain, © Le Livre de Poche, Hachette Jeunesse, 1959.

4 **Complète le texte avec les pronoms relatifs qui conviennent et accorde les verbes des propositions relatives en ajoutant les terminaisons *-ait* ou *-aient*.**

Le pirate, ... ven.................................. d'entrer dans l'auberge, regarda autour de lui avec férocité. Les clients se retournèrent pour fixer l'homme .... ils av...................... entendu entrer. Le flibustier prit la parole dans un grand silence : « Le navire .... nous naviguions a coulé, nous avons dû fuir en chaloupe jusqu'à ce port. Nous avons de l'argent, servez-nous à dîner et faites-nous place ». Les clients, soulagés par ce discours, retournèrent à leurs occupations. L'auberge, ... le patron ét..................... un homme plutôt cordial et bienveillant, reprit vie.

5 **À TOI DE JOUER**

Observe le dessin, imagine ce qui se passe. Puis, sur ton cahier de rédaction, rédige un court texte décrivant la scène. Utilise au moins quatre propositions relatives.
Commence ton texte ainsi : *Le navire approchait enfin de l'île où…*

ATTENTION

Le pronom relatif *lequel* s'accorde avec le nom remplacé : il peut donc prendre une forme différente.

COUP DE POUCE

Vérifie que tu as employé : *qui, que, dont, sur lequel.*

COUP DE POUCE

Pour introduire les compléments de cause, tu peux employer *à cause de, parce que.* Pour les compléments de but, *pour, afin de.*

Corrigés p. 7

AMÉLIORER SON EXPRESSION

12 Maîtriser les procédés de reprise

Employer un pronom

- Les répétitions alourdissent le style. Le plus souvent, on utilise un **pronom** pour remplacer un nom (ou un GN) déjà cité.

  L'empereur est reconnaissant. Marco Polo reçoit de l'empereur une récompense.

  *→ L'empereur est reconnaissant. Marco Polo reçoit de **lui** une récompense.*

- On distingue :
  - les pronoms **personnels** (*elle, le, la, lui, leur, eux…*) ;

    *Marco Polo vogue jusqu'en Chine, où **il** rencontre Kubilai Khan.*
  - les pronoms démonstratifs (*ceci, celui-ci, celle-ci, celui-là, ceux-ci, celles-ci…*) ;

    *Marco Polo demande à voir l'empereur. **Celui-ci** accepte de le recevoir.*
  - les pronoms possessifs (*le mien, le nôtre, le leur, la mienne, les tiens, les nôtres…*).

    *J'aime les bijoux, dit Marco Polo. **Les vôtres**, Empereur, sont magnifiques.*
  - Attention, dans une phrase, le pronom *il* ne doit pas renvoyer à trop de personnes différentes, sinon le lecteur s'y perd, comme dans l'exemple qui suit.

    Il aperçut son frère. Il l'appela, il se retourna et il le reconnut.

★ 1 Dans le texte suivant, souligne les pronoms qui désignent Marco Polo en rouge et ceux qui désignent le Grand Khan en vert.

> Le Grand Khan fit fort bon accueil à Marco Polo. Il suffit de dire que celui-ci se fit bien vite aux manières de la cour de l'empereur des Tartares. Il apprit les diverses langues en usage dans le pays. Il se fit apprécier de tous, mais plus particulièrement de l'empereur. Quand celui-ci vit que Marco était si sage, il voulut éprouver ses qualités. Il le chargea d'une affaire dans un pays éloigné et où on ne pouvait pas se rendre en moins de six mois.

D'après Marco Polo, *Le Devisement du monde* (1298).

COUP DE POUCE
Vérifie que tu as analysé quatre pronoms

★★ 2 Supprime les répétitions en remplaçant les termes en orange par des pronoms.

1. Marco Polo enfourche son cheval et s'apprête à repartir. Mais son cheval est fatigué, et refuse d'avancer.

→ ……………………………………………………………………………………

2. Bagdad contient beaucoup de marchands. Le calife demande aux marchands d'aller acheter et vendre des marchandises en Inde.

→ ……………………………………………………………………………………

3. Le marchand accoste au port, où sont arrimés de nombreux bateaux. Son bateau est le plus beau de tous.

→ ……………………………………………………………………………………

4. Ulau interroge le calife de Bagdad mais le calife refuse de répondre à Ulau.

→ ……………………………………………………………………………………

COUP DE POUCE
Dans la phrase 1, tu peux utiliser un pronom personnel ou démonstratif.

ATTENTION
Dans les phrases 2 et 4, le pronom se place avant le verbe.

Employer un groupe nominal

- Tu peux aussi éviter la répétition d'un nom en le remplaçant par :
  - un **synonyme** (mot de sens équivalent ou proche) ;

    *Le calife était aimé de tous. C'était un **souverain** bon et juste.*
  - un terme **générique** (mot plus général, qui englobe le premier) ;

    *Vaches, éléphants, tigres... : toutes sortes d'**animaux** peuplent ce pays.*
  - une **périphrase** (on exprime en plusieurs mots ce qui peut être dit en un seul).

    *La nuit tomba sur Bagdad ; **la ville des Mille et Une Nuits** resplendit alors de beauté.*
  - Note qu'il est possible de répéter un même nom (ou GN), à condition de l'employer avec un déterminant démonstratif (ce, cet, cette, ces).

3 **Associe chaque périphrase à ce qu'elle désigne.**

le voyageur italien •	• le Grand Khan
le pays des éléphants •	• le Tigre
le fleuve qui traverse Bagdad •	• Marco Polo
le grand empereur de la Mongolie •	• l'Inde

COUP DE POUCE
Bagdad est la capitale de l'Irak : comment s'appelle le fleuve qui la traverse ?

4 **Retrouve les mots permettant d'éviter la répétition du nom en couleur.**

Marco Polo visite l'actuelle région du Yunnan dans le sud de la Chine et décrit les mœurs de ses habitants.

Quand ils sont malades, ils font venir leurs magiciens : ce sont les .... des diables et ceux qui servent les idoles, et dans cette province, il y en a quelques-uns ! Quand ces .... sont venus, les malades .... disent les maux qu'ils ont ; et les .... aussitôt, commencent à sonner instruments, et chantent et dansent.

Ibid

COUP DE POUCE
Marco Polo reprend une fois le mot *magiciens* (mais précédé d'un déterminant démonstratif) et utilise également deux synonymes : *mages* et *enchanteurs*.

5 **À TOI DE JOUER**

Observe l'image représentant Marco Polo, puis, sur ton cahier de rédaction, raconte son arrivée dans la ville chinoise (décris-le, précise ce qu'il voit...).

ATTENTION
Varie bien les termes qui désignent Marco Polo : il, celui-ci, ce grand voyageur, l'explorateur, le fils de messire Niccolo, le voyageur italien...

Corrigés p. 7

AMÉLIORER SON EXPRESSION

13 Employer des mots de liaison

Les mots de liaison temporels

- Les mots de liaison servent à relier des mots, des propositions, des phrases ou des paragraphes. Ils aident à comprendre la **progression des actions et des idées**.
- Les mots de liaison temporels permettent de **situer les actions dans le temps**, les unes par rapport aux autres. Ils appartiennent à différentes classes grammaticales.

Conjonction de coordination	et ***Et** le voici de retour chez la dame pour être payé.*
Conjonctions de subordination	quand, lorsque, dès que, tandis que... ***Dès qu'**il entendit ces paroles, il alla trouver sa femme.*
Adverbes, locutions adverbiales	d'abord, ensuite, puis, enfin, alors, tout de suite, aussitôt ***Aussitôt**, il s'enfuit pour échapper aux coups.*
Groupes nominaux et prépositionnels	ce jour-là, le lendemain, à ce moment-là, en même temps... ***Ce jour-là**, l'aveugle voulut aller au marché.*

★ **1** **Souligne les mots de liaison temporels, puis reconstitue le fabliau *Les Deux Perdrix* en numérotant les paragraphes de 1 à 6.**

.... Finalement, le mari rentre bredouille car le curé est parti à toutes jambes. La femme, elle, n'est pas punie !

.... Lorsque son mari revient, sa femme lui ment en lui affirmant que les perdrix attendent au chaud, et elle l'envoie aiguiser son couteau.

.... Un matin, un paysan trouve par hasard deux perdrix près de chez lui. Il demande à sa femme de les faire cuire et part inviter le curé.

.... Peu de temps après, les perdrix sont prêtes, mais les deux hommes ne sont toujours pas rentrés. Incapable de se retenir, la femme mange les deux oiseaux.

.... La femme imagine alors un dernier mensonge : elle persuade son mari que le curé est parti en courant avec les perdrix. Le mari se précipite aussitôt derrière le curé.

.... Pendant que le mari est à la meule, le prêtre arrive enfin. La femme lui fait croire que son mari, jaloux, veut lui « couper les oreilles » : le prêtre s'enfuit.

INFO

Genre caractéristique du Moyen Âge, le fabliau est un récit court en vers dont le but principal est de faire rire.

COUP DE POUCE

Les mots de liaison sont généralement placés en tête de phrase, mais ce n'est pas toujours le cas.

Les mots de liaison logiques

- Les mots de liaison logiques permettent d'établir des liens de **cause**, de **conséquence** ou d'**opposition** entre des groupes de mots, des phrases ou des paragraphes.

Cause	car, parce que, puisque, comme, grâce à, à cause de...
Conséquence	ainsi, aussi, en effet, donc, si bien que, par conséquent...
Opposition	or, mais, en revanche, cependant, pourtant, au contraire, bien que...

2 **Complète les phrases suivantes issues de fabliaux, à l'aide des mots de liaison logique appropriés.**

1. Il y avait une fois un vilain fort riche .... avare comme pas un.

2. C'est vous qui marchiez devant : .... c'est vous qui l'avez reçu.

3. Y a t-il un endroit où je puisse me restaurer en payant ? .... je n'ai jamais aimé dépendre de personne.

4. Débrouillez-vous en cherchant bien partout pour trouver un toit .... sachez que vous ne passerez pas la nuit dans ma maison.

5. Il déroba discrètement un mouton .... le berger ne s'en aperçut pas.

> **COUP DE POUCE**
> La cause, la conséquence et l'opposition sont exprimées, chacune, dans deux phrases.

3 **Améliore ce résumé du fabliau *La Vieille qui graissa la patte au chevalier* en y insérant des mots de liaison pour mettre en évidence la progression des actions.**

Une vieille vivait uniquement grâce au lait de ses deux vaches. Celles-ci s'enfuirent hors du pré communal et furent récupérées par le prévôt. Ce dernier refusa de les rendre : rien ne prouvait qu'elles étaient à elle. La voisine de la vieille lui proposa de « graisser la patte au chevalier » afin qu'il aille plaider sa cause auprès du prévôt. La vieille se saisit d'un morceau de lard et alla en enduire les mains du chevalier. Celui-ci fut surpris, il éclata de rire. Il lui promit qu'elle allait récupérer son bien.

Autrefois, *une vieille vivait uniquement grâce au lait de ses deux vaches.*

Or, un jour, *celles-ci s'enfuirent...*

....

....

....

....

....

....

....

....

> **INFO**
> Au Moyen Âge, le *prévôt* est chargé de faire respecter l'ordre.
> *Graisser la patte* signifie donner de l'argent à quelqu'un pour obtenir une faveur ; la vieille dame prend l'expression au pied de la lettre.

4 **À TOI DE JOUER**

Sur ton cahier de rédaction, rédige maintenant un court fabliau à partir de la situation indiquée ci-dessous. (Tu inventeras en quelques lignes un des tours du clerc.)

Un clerc (homme d'église) qui se prétend médecin joue des tours à des malades en leur réclamant de l'argent...

> **COUP DE POUCE**
> • Choisis l'un de ces deux tours :
> – le clerc oblige le malade à se déshabiller pour le soigner et en profite pour lui prendre son argent ;
> – il lui fait croire que si l'on ne paie pas avant d'être soigné, la médecine est impuissante.
> • À la fin du récit, le clerc peut se retrouver pris à son propre piège !

Corrigés p. 8

AMÉLIORER SON EXPRESSION

14 Explorer le vocabulaire des sensations et des sentiments

Décrire une sensation

- Une sensation, c'est le résultat de la **perception** d'un objet ou d'un phénomène par l'**un de nos cinq sens** : la vue, l'ouïe, le toucher, l'odorat et le goût.
- Le vocabulaire des sensations est riche : veille à employer le mot le plus approprié lorsque tu rédiges un texte (*magnifique* est un terme plus fort que *joli*, par exemple).

	Verbes de perception	Noms	Adjectifs
Vue	voir, apercevoir, scruter, dévisager...	reflet, lueur, éclat, obscurité, clarté...	petit, carré, ravissant, hideux, éblouissant...
Ouïe	entendre, écouter, distinguer...	frémissement, cacophonie, fracas...	léger, cristallin, discordant, strident, assourdissant...
Toucher	palper, effleurer, heurter, caresser...	effleurement, choc, caresse, coup...	ferme, moelleux, râpeux, visqueux, rêche, glacé...
Odorat	sentir, flairer, humer, renifler, embaumer...	parfum, effluve, exhalaison...	suave, enivrant, capiteux, âcre, nauséabond, fétide...
Goût	goûter, savourer, déguster, dévorer...	saveur, régal, délice, amertume, acidité...	savoureux, succulent, acide, âcre, fade, rance, épicé...

★ 1 Vue (V), ouïe (Ou), toucher (T), odorat (Od) ou goût (G) ? Indique à quel sens se rapportent chacun des termes suivants.

clameur	....	gluant	....	piquant	....
croquer	....	harmonieux	....	pression	....
dévisager	....	pestilentiel	....	vert	....

ATTENTION
Un terme du tableau peut de rapporter à deux sens différents.

★★ 2 Identifie la sensation mise en valeur dans chaque extrait, puis souligne dans le texte les mots qui justifient ton choix.

INFO
En visite au Kenya, le narrateur découvre la relation privilégiée qui lie une enfant, Patricia, et le lion King.

1. Le jour commençait à peine mais la lumière de la lampe tempête que j'avais oublié d'éteindre dans ma fatigue me suffisait pour apercevoir nettement sur le fond blanc des murs crépis à la chaux cet incroyable envoyé de l'aube.

....

2. Les bruits de la brousse – craquements, gémissements, sifflements, chuchotements – formaient autour de la hutte un secret langage nocturne.

....

J. Kessel, *Le Lion*, © Éditions Gallimard, 1958.

3 **En t'aidant du contexte des phrases, remplace les verbes en couleur par des verbes plus précis.**

1. Elle continua à avancer et tomba alors nez-à-nez avec un lion qui la regardait (..) avec insistance.

2. À l'affût dans les herbes hautes, le lion semblait sentir (...) une piste.

3. Patricia s'approcha, et doucement, toucha (..) le dos du lion.

COUP DE POUCE

Aide-toi du tableau de la page 30.

Exprimer un sentiment

- Un sentiment est un **état affectif** lié à ce que l'on ressent dans une situation donnée : l'amour, la joie, la gaieté, la haine, la honte, la jalousie...
- Le vocabulaire des sentiments est lui aussi très étendu. Tu peux utiliser :
  – des **adjectifs** : *heureux, joyeux, apeuré, effrayé, méprisant, jaloux, colérique...*
  – des **noms** : *peur, angoisse, frayeur, terreur, respect, amour, adoration, estime, joie, bonheur, jalousie, mépris, aversion, haine...*
  – des **verbes** : *aimer, adorer, regretter, jalouser, mépriser...*
  – des **expressions** : *voir la vie en rose, être aux anges, faire grise mine...*

4 **Chacun des extraits suivants exprime un sentiment différent. Complète-les à l'aide des termes appropriés :** allégresse – appréhension – forcée – joyeuse – plénitude – tension.

> 1. Le rugissement de mort que j'attendais ne vint pas. À la place, résonna cette sorte de rumeur énorme, rauque et .... cette grondante .... qui servait de rire à King.
>
> 2. Quant vint l'heure de me rendre, pour dîner au bungalow de Bullit, je le fis avec .... car je craignais d'y retrouver l'atmosphère de la vieille ; l'apprêt, la gaieté .... la .... nerveuse.
>
> 3. Rien ne pouvait remplacer la .... merveilleuse que j'avais connue quelques instants plus tôt lorsque le peuple de la clairière semblait encore vouloir venir vers moi.

J. Kessel, *Le Lion*, © Éditions Gallimard, 1958.

ATTENTION

Le narrateur éprouve de l'appréhension, mais pas à l'égard du lion qui lui procure, au contraire, un sentiment de plénitude.

5 **À TOI DE JOUER**

Imagine que lors d'un safari, tu as rencontré un lion. Sur ton cahier de rédaction, raconte cette rencontre en indiquant les sensations et les sentiments que tu as éprouvés.

COUP DE POUCE

- Tu peux parler de la peur que tu as ressentie, de la beauté du lion,de ta joie de l'avoir rencontré...
- Ton récit doit comporter une progression : le premier regard, comment tu te rapproches de l'animal et ce qui se passe.

Corrigés p. 9

AMÉLIORER SON EXPRESSION

15 Explorer le vocabulaire du Moyen Âge

La société médiévale

Au Moyen Âge, la société était organisée bien différemment d'aujourd'hui. Il faut donc utiliser un vocabulaire spécifique quand on rédige un texte relatif à cette époque.

- **Le système féodal.** Un *vassal* est au service d'un *suzerain* ; celui-ci assure sa protection et lui octroie un *fief* (un bout de terre). En échange, le vassal lui prête *hommage* (fidélité) et *obéissance*.
- **Le château fort.** Il comporte un *pont-levis*, des *murailles* et des *créneaux*, un *donjon*, des *tours de guet*, un *chemin de ronde*, des *meurtrières*, des *douves*...
- **Le chevalier.** Il combat pour un *seigneur* et est servi par l'*écuyer* qui l'accompagne. Il reçoit son titre et son équipement au cours de la cérémonie de l'*adoubement*. Il porte un *haubert* (ou *cotte de mailles*), une *cuirasse* (une armure), un *heaume* (un casque) et des *brodequins* (longues chaussures). Il combat à cheval (*destrier*, *palefroi* ou *coursier*), et a pour armes l'*épée*, la *lance*, le *javelot* et l'*écu* (le bouclier).

★ 1 Relie chaque mot à la définition qui convient.

le suzerain •	• homme ou femme qui dépend d'un seigneur lui ayant concédé un fief
le vassal •	• paysan
le vilain •	• noble combattant à cheval pour un seigneur
le chevalier •	• seigneur au-dessus de tous les autres dans un territoire donné

INFO
Le mot *vilain* vient du latin *villanus*, qui désignait un habitant de la *villa*, l'exploitation agricole.

★★ 2 Complète ce texte racontant une scène de bataille à l'aide des mots proposés :
écus – l'épée – hauberts – heaumes – lances.

Aussitôt qu'ils se virent, les deux hommes s'élancèrent l'un contre l'autre, animés d'une haine mortelle. [...] Les .... rompues furent vite en morceaux sur le sol. Ils s'affrontèrent alors à ....
Les .... déchiquetés ne purent bientôt plus les couvrir [...].
Il leur fallut se battre sans protection [...]. Farouchement ils s'affrontaient, solides comme des rocs. Leurs .... étaient tout cabossés, et leurs .... si déchirés qu'ils ne valaient pas plus qu'un froc de moine pour les protéger !

C. de Troyes, *Yvain ou le Chevalier au lion*, adapté par A.-M. Cadot-Colin.

INFO
Yvain ou le Chevalier au lion est un roman de chevalerie du XIIe siècle écrit par Chrétien de Troyes. Dans cet extrait, Yvain se bat contre un autre chevalier.

5e

12-13 ANS

LE GUIDE

Rédaction

- **Les corrigés détaillés** des exercices d'entraînement
- **Des propositions** pour les rédactions

Hatier

1 Faire les accords nécessaires

1 À mesure que nous avions approché la terre, les insulaires avaient environné les navires. L'affluence des pirogues fut si grande autour des vaisseaux, que nous eûmes beaucoup de peine à nous amarrer [...]. Tous venaient en criant « tayo », qui veut dire « ami » [...]. Les pirogues étaient remplies de femmes qui ne le cèdent pas, pour l'agrément de la figure, au plus grand nombre des Européennes [...].

2 Ce vaste édifice comprenait un grand nombre de salles, chambres et corridors entièrement dorés et décorés de superbes peintures qui représentaient des animaux, des oiseaux, des arbres et des fleurs. Au détour d'un couloir, nous débouchâmes sur une terrasse qui surplombait un grand parc. Devant mes yeux s'étalaient des prairies arrosées de cours d'eau, des bosquets et des fontaines.

3

des villes	animées
un quartier	animé
des marchés	animés
une terrasse	animée

4 La ville de Cambalu est située sur le bord d'une rivière dans la province de Cathay ; elle est fort ancienne, et depuis longtemps le siège des rois. Le Grand Khan la changea de place et la transféra à un autre endroit de la rivière, ayant appris par les astrologues qu'elle devait être rebelle à l'empire [...]. Ses murailles sont blanchies [...]. Chaque long côté de la muraille a trois portes principales, qui font douze en tout ; auprès de chaque porte il y a de magnifiques palais.

2 Utiliser le passé simple et l'imparfait

1 **1.** Alors que les coureurs ☒ se tenaient ❑ se tinrent prêts sur les starting-blocks, on ❑ donnait ☒ donna le signal du départ.

2. Björn Borg, qui ☒ jouait ❑ joua avec une petite raquette en bois, ❑ révolutionnait ☒ révolutionna le tennis avec son revers à deux mains.

3. En 2005, Ronaldinho ❑ se forgeait ☒ se forgea un statut de héros en inscrivant neuf buts en Ligue 1. Peu après, il ☒ se vit ❑ se voyait décerner le Ballon d'or.

2 L'année 1911 démarra par un exploit mémorable. Le 2 janvier, à Colombes, devant 10 000 spectateurs aussi enthousiastes que frigorifiés, la France reçut l'Écosse. Ce jour-là, les Français s'imposèrent 16 à 15 grâce à deux essais de leur ailier Pierre Failliot. Champion de France du 400 mètres, celui que l'on surnommait « l'Autobus », préserva la victoire française en traversant le terrain pour venir plaquer l'ailier écossais Sutherland qui fila à l'essai. Colombes chavira de bonheur. Deux mille personnes attendaient les héros du jour devant la porte des vestiaires, et entonnèrent une émouvante Marseillaise.

3

être, passé simple, 3ᵉ p. du singulier	fut
avoir, imparfait, 3ᵉ p. du singulier	avait
admirer, passé simple, 3ᵉ p. du pluriel	admirèrent
devoir, imparfait, 2ᵉ p. du pluriel	deviez
grandir, imparfait, 1ʳᵉ p. du singulier	grandissais
parvenir, passé simple, 3ᵉ p. du pluriel	parvinrent

4 Le match commença à vingt heures. Le stade était comble. Les spectateurs lançaient des cris pour encourager les équipes qui s'élancèrent sur l'herbe et envahirent le terrain dès le coup de sifflet de l'arbitre. Le match se déroula normalement.

5 Zidane naquit à Marseille le 23 juin 1972 dans une cité marseillaise. À partir de 1992, il fit ses premières armes dans le football à Bordeaux ; il y demeura jusqu'en 1996, date à laquelle il rejoignit la Juventus de Turin. L'année 1998 fut marquée par sa victoire lors de la Coupe du monde de football, et en 2000, il remporta le championnat d'Europe des Nations. De 2001 à 2006, il évolua au sein du Real de Madrid, pour un salaire de 500 000 euros. Il joua son dernier match en 2006 à Berlin, à l'occasion de la finale de la Coupe du monde opposant l'Italie à la France.

3 Utiliser les temps composés de l'indicatif

1 tu as fini – vous serez allé(es) – nous avions couru – il s'est rasé – elle fut partie – tu avais su

2 Bouleversé, Timothée repassait les événements de la matinée dans sa tête. C'est en se réveillant qu'il avait compris que quelque chose de mystérieux se passait en lui. Il avait senti son pouls s'accélérer. Puis soudain, des poils avaient recouvert son corps, des griffes avaient surgi au bout de ses membres, une grande queue était apparue. Un ronronnement s'était échappé de ses lèvres.
Il était devenu un chat.

3 **1.** Nous avions ❑ prit ☒ pris le train de nuit.
2. Il ☒ prit ❑ pris congé et se dirigea vers la sortie.
3. Il ❑ dû ☒ dut repartir le lendemain.
4. Ils ont ☒ dû ❑ dut insister longtemps.

4 **1.** Quand tu seras revenu(e) de ton cours de tennis, tu pourras regarder un film.
2. Un couple d'Américains a soigné un papillon très rare. Après sa guérison, le papillon s'est envolé.
3. La jeune fille qui avait fugué de chez ses parents jeudi dernier a regagné son domicile hier.

5 Voici une proposition de corrigé correspondant à l'amorce 1. Tout le récit n'a pas été écrit, mais il est assez facile d'imaginer d'autres catastrophes !
J'ai rarement vécu une journée aussi catastrophique qu'hier.
Je me suis réveillé(e) avec une demi-heure de retard. Au petit-déjeuner, dans ma précipitation, j'ai renversé mon bol de lait.
Laissant mes parents ramasser les morceaux et pester tout leur saoul, j'ai couru jusqu'au collège. Pas de chance ! Les portes étaient fermées.
J'ai dû passer la première heure en salle de permanence, tout(e) seul(e) sous la surveillance d'un « pion » : obligé(e) de travailler.
Le soir, j'étais vraiment content(e) que la journée soit finie !

4 Utiliser la voix active et la voix passive

1 Que prévoit le texte ? Les fraudeurs sont repérés grâce à leur adresse IP. Ils reçoivent un avertissement par e-mail, puis un second. S'ils continuent à pirater, ils peuvent être privés pendant un temps de leur accès à Internet. L'autre grand point de la loi est la création de l'HADOPI. Cette institution est saisie par les ayants droit qui ont repéré des internautes indélicats. Elle est chargée d'envoyer les avertissements et, si nécessaire, de décider la suspension d'une ligne Internet.

2 **1.** par les télévisions – **2.** par les secours – **3.** par la loi – **4.** par le principal

3 **1.** Le nouveau dessin animé des studios Pixar est diffusé ce soir. – **2.** La vente de barres chocolatées aux récréations des écoles a été interdite par le ministère. – **3.** Le prix Goncourt de l'année sera décerné ce soir par les membres du jury. – **4.** Les plans du musée du quai Branly furent élaborés par l'architecte Jean Nouvel. – **5.** La rencontre avait été annulée par les organisateurs en raison de la pluie.

4 **1.** Les patients du nouvel hôpital ont été reçus par le personnel médical. – **2.** Les manifestants sont poursuivis par les CRS. – **3.** Le téléchargement illégal sera-t-il toujours puni par la loi ? – **4.** La Gaule fut conquise par César.

5 Grâce à un dernier échange décisif, le match a été gagné par le Français Antoine Legrand. À la suite de cette victoire, ce joueur a été classé numéro 1 mondial. Il a fièrement brandi La coupe de la victoire par le héros national sous les applaudissements et les cris d'une foule heureuse. Une réception officielle a été donnée quelques heures plus tard à l'Hôtel de ville où Antoine Legrand a été reçu par le maire qui tenait à honorer lui-même cet immense joueur.

5 Réussir l'accord du participe passé

1 **1.** conçus – **2.** fabriqué ; commercialisé – **3.** né – **4.** apparues ; réinventée

2 On suppose que les premiers sièges étaient des blocs de pierre, puis de simples plans de bois recouverts d'un coussin. Ce sont [...] les Égyptiens qui ont ajouté un dossier pour soutenir le dos et des accoudoirs pour reposer les bras. Ainsi sont nées les chaises et les fauteuils. Les chaises sont apparues lorsque l'homme a eu besoin d'un plan d'appui. Puis on a fixé quatre pieds à ces tablettes qui sont devenues des tables. Elles ont d'abord été utilisées pour écrire, puis pour la présentation des plats, et enfin pour manger tout autour. Ces quelques exemples montrent que les hommes ont progressivement amélioré les objets de leur quotidien parce que leurs besoins ont évolué et, avec eux, leur façon de vivre.

3 **1.** La bouteille Orangina n'est pas comme les autres. Dès ses débuts, la marque a choisi de créer une bouteille à la forme originale. Pour être en cohérence avec le nom de la boisson, c'est tout naturellement la forme de l'orange qu'on lui a donnée ! Depuis, cette bouteille est devenue l'emblème de la marque.
2. En 1970, un ingénieur a inventé une colle à faible pouvoir adhésif, qui permettait à une feuille d'être collée, décollée et recollée à volonté, sans laisser de trace. Cette colle miracle, deux hommes l'ont utilisée pour créer en 1974... le post-it !

4 **1.** On a imaginé pour l'Ipad un écran tactile. Il peut être connecté à Internet grâce à une clé 3G plus ou à partir d'un réseau Wifi. Cet appareil a intégré les fonctionnalités d'un ordinateur ; des jeux multiples sont proposés sur l'Ipad, et l'on peut s'en servir comme d'un e-book. Bref, cet outil sera utilisé partout pour sa légèreté et ses possibilités nombreuses et variées.
2. Ce véhicule a été conçu pour rouler sans essence. Si sa forme a été copiée sur une voiture habituelle, sa taille est cependant plus petite. La puissance de la voiture électrique est réduite par rapport à celle d'une voiture habituelle. Elle peut être conduite sur de petites distances sans permis de conduire.
3. Ce genre de vêtement antitranspirant permet aux sportifs de ne pas être incommodés par la sueur qui émane de leur corps : pendant l'effort, l'humidité est évacuée. Pour les fabriquer, on a recouru à des alliances très innovantes de matériaux et de fibres chimiques. Ces vêtements ne sont pas fabriqués en coton naturel mais en nylon synthétique.

6 Employer le conditionnel

1

	Conditionnel présent	Conditionnel passé
avoir	j'aurais	j'aurais eu
être	tu serais	tu aurais été
aller	elle irait	elle serait allée
faire	il ferait	il aurait fait
grandir	nous grandirions	nous aurions grandi
jeter	vous jetteriez	vous auriez jeté
pouvoir	ils pourraient	ils auraient pu

2 **1.** viendrai – **2.** aimerais – **3.** trierais – **4.** m'engagerai

3 **1.** trois milliards d'hommes ne vivraient pas avec seulement 2 euros par jour. – **2.** beaucoup moins de guerres éclateraient dans le monde. –
3. le nombre de dictatures diminuerait. –
4. dans aucun pays les hommes ne craindraient de dire ce qu'ils pensent. – **5.** les pays riches prêteraient de l'argent aux pays pauvres. –
6. les femmes obtiendraient partout les mêmes droits que les hommes.

4 **1.** Si j'achetais moins de produits emballés, je contribuerais à réduire le gaspillage des matières cartonnées. – **2.** Si on inventait des voitures sans essence pour tous, nous roulerions plus proprement et réduirions nos rejets de CO2 dans l'atmosphère. – **3.** Si nous prenions moins de bains, nous maîtriserions mieux notre consommation d'eau et préserverions nos nappes phréatiques. – **4.** Si vingt ans auparavant, les hommes avaient commencé à maîtriser leurs émissions de CO_2, la situation climatique actuelle serait moins catastrophique qu'elle ne l'est aujourd'hui.

5 Si j'étais président, je mettrais à la disposition de mes concitoyens des véhicules moins polluants et je les inciterais à utiliser les transports collectifs grâce à des tarifs bas. Je refuserais les importations des fruits et légumes déjà cultivés dans notre pays. J'encouragerais l'agriculture biologique. Je préserverais la biodiversité sur tout le territoire. Je faciliterais la création de maisons écologiques en proposant des crédits attractifs. Grâce aux lois que je promulguerais, on développerait le recyclage, et moins de déchets seraient produits.

7 Employer le subjonctif

1

Être	Avoir
Que je sois	Que j'aie
Que tu sois	Que tu aies
Qu'il soit	Qu'il ait
Que nous soyons	Que nous ayons
Que vous soyez	Que vous ayez
Qu'ils soient	Qu'ils aient

2 Je souhaite qu'on élucide ce mystère. Il faut qu'on comprenne ce qui s'est passé. J'ai besoin que vous m'aidiez : appelez tous vos agents. Qu'ils fassent des rondes dans le quartier. Je veux qu'ils notent tout ce qu'ils remarquent d'anormal et me le disent. Veillez à ce que l'affaire soit entre de bonnes mains et qu'on éclaircisse toute cette affaire !

3 Qu'il ne s'enfuie pas ! – Qu'ils ne courent pas ! – Qu'il avoue ! – Qu'il réponde !

4 **1.** J'aimerais que ma mère m'offre la dernière B.D. de Titeuf.
2. Qu'on fasse entrer le prévenu !
3. Qu'on lève les mains en l'air et que personne ne bouge !
4. Vous, que vous rouliez à 50 km/h ? Cela m'étonnerait !

5 LA FEMME. – Je suis extrêmement inquiète et souhaiterais qu'à compter d'aujourd'hui vous mettiez toute votre équipe sur cette disparition. J'ai peur que mon mari ne porte atteinte à sa vie. Voici un carnet de notes que j'ai retrouvé dans ses affaires : il faut que vous exploriez toutes les pistes qu'il pourrait contenir. Pourvu que l'on puisse l'empêcher à temps de commettre une bêtise.

LE DÉTECTIVE. – Votre mari avait-il des soucis professionnels ? Des problèmes d'argent ? Pensez-vous qu'il se soit lancé dans une opération qui ait mal tourné ? Je m'étonne qu'il ait laissé ce carnet de notes... J'imagine qu'il souhaitait que vous le trouviez. Cela ressemble à un appel à l'aide.

8 Bien orthographier des homonymes

1 **1.** Fois → Organe du corps : foie → Croyance : foi
2. Conte → Noble : comte → Total, somme : compte
3. Coût → Partie du corps : cou → Choc : coup
4. Mer. → Parent : mère → Il dirige ta ville : maire

2 **1.** J'aime rencontrer une personne qui ☐ et ☒ est fan des mêmes mangas que moi, car ☒ on ☐ ont a alors une passion commune ☐ a ☒ à partager. –
2. Ces livres q son q sont des B.D. qui ☐ ce ☒ se lisent à l'envers. **3.** Les fans de mangas vénèrent ☐ leur ☒ leurs héros, ils ☒ leur ☐ leurs vouent une admiration sans bornes !

3 Le héros adulte s'est retrouvé transporté dans la peau de ses quatorze ans. Ce voyage dans le passé l'a replongé peu avant le moment où son père avait quitté sa famille. Au terme de son voyage, le héros a compris la décision de son père ; il l'a acceptée.

4 Naruto est un jeune élève ninja. C'est l'élève le plus dissipé de sa classe ; comme il est orphelin, il cherche à se faire remarquer en faisant le pitre. Il souhaite réaliser son rêve, qui est de devenir hokage (un puissant ninja) : il s'y emploie en travaillant dur aux côtés de ses amis, Sakura et Sasuke. Mais il n'y parviendra que s'il découvre le secret qu'il cache en lui...

5 Voici une proposition de corrigé.
Quelle étrange sensation ! Glass Heart possédait maintenant le cœur de la jeune compagne de City Hunter. C'était une femme très généreuse, qui avait dû s'occuper depuis toute petite de sa famille, et en particulier de ses grands-parents qui vivaient chez elle.
Glass Heart ressentit alors le besoin de rencontrer toute la famille de sa bienfaitrice ; elle souhaita s'occuper d'eux et les aider, tout comme la jeune fille l'avait fait de son vivant. Comme elle avait récupéré toutes les qualités de cœur de cette personne, elle se mit à vivre normalement, sans plus faire de mal à personne. Elle avait de nouveau foi en la vie.
Un jour pourtant, elle se souvint de sa vie passée, des crimes qu'elle avait été obligée d'accomplir lorsqu'elle était tueuse à gages. Elle reçut un coup de téléphone de ses anciens patrons et dut se cacher pour leur échapper...

9 Préciser les circonstances de l'action (1)

1 Quelques heures plus tard, les paysans voyaient fondre sur leur village (6) une horde de cavaliers, le sire de Morlange à leur tête. Ils lâchèrent leurs fagots de bois mort, coururent vers leurs maisons (7). Déjà, le comte enfonçait une porte. Les femmes et les enfants sortirent, se regroupèrent sur la place (5) en tremblant (4). [...] Renaud regardait s'entasser devant lui (2) les pots de graisse, le lard et les jambons, les morceaux des cochons tués et salés au début de novembre (1). Un garde sortit d'une maison en brandissant deux lièvres et un faisan doré (3) [...].

2 La poterne s'ouvrit sans bruit. Une silhouette noire se faufila hors du château [...]. Vêtue d'un costume de page, la comtesse Mathilde profita de ce que la sentinelle faisait le tour du chemin de ronde pour courir vers un bosquet tout proche et s'y cacher. [...] Un peu plus tard, elle vit descendre le pont-levis, [et] Renaud de Morlange s'engager par-dessus le fossé [...]. Le seigneur passa près d'elle, se dirigea droit vers la forêt. Elle lui laissa une courte avance, quitta son abri et se mit à le suivre en se coulant dans les zones d'ombre... [...]. Le sire la mena ainsi jusqu'à la source de la Lenderre [...]. « Que vient-il faire là ? » s'étonnait-elle. La surprise faillit lui arracher un cri lorsqu'elle le vit se déshabiller entièrement [...] et entrer dans l'eau en s'aspergeant jusqu'aux épaules. Il disparut dans la mare. Elle en eut un hoquet de stupeur, s'approcha. Quelque chose flottait à la surface [...]. La dame n'eut aucun mal à reconnaître une tête. Une tête de renard !

3 **1.** À la tombée de la nuit
2. Après avoir vu les ennemis arriver
3. en tâtonnant / en hésitant
4. avec une plume bien taillée

4 Voici une proposition de corrigé. Les CC sont en bleu et leur sens est indiqué entre parenthèses.
En manipulant les commandes de mon ordinateur (manière) lors d'une partie en réseau (temps), je me retrouvai projeté dans un autre monde (lieu). Je ressentis un choc violent et m'évanouis.
Quand je repris connaissance (temps), j'aperçus face à moi (lieu) les murailles d'un château du Moyen Âge. Poussé par la curiosité, je me dirigeai rapidement (manière) vers la porte principale (lieu). Je franchis le pont-levis et distinguai alors (temps) le donjon qui se dressait au fond d'une immense cour (lieu). Je grimpai les marches et parvins dans la grande salle du donjon (lieu) apparemment habitée, meublée avec des coffres et des bancs somptueux (manière). Tout à coup (temps), un seigneur richement vêtu fit irruption dans la salle (lieu), et commanda à ses serviteurs de m'arrêter. Pris de panique, je me dirigeai vers les escaliers (lieu) en courant (manière)... et ratai la première marche.
Alors que je chutais dans les escaliers (temps), je ressentis le même choc qu'à mon départ, et, sans que je comprenne comment cela se passa (manière), je me retrouvai tremblant devant mon ordinateur (lieu) assis à la même place que d'habitude (lieu).

10 Préciser les circonstances de l'action (2)

1 **a. 1.** pour laisser venir les poissons (4). – **2.** pour voir ce qui va se passer (5). – **3.** au point de l'entourer complètement (1). – **4.** en raison de l'arrivée à cheval de sire Martin (3). – **5.** de manière à lui couper la queue (2).
b. 1. CC de cause – **2.** CC de but – **3.** CC de conséquence – **4.** CC de cause – **5.** CC de but

2 **1.** Renart est toujours puni à cause de ses mauvaises actions. – **2.** Renart n'est jamais malheureux au point de verser de chaudes larmes. – **3.** La queue coupée, le loup Isengrin hurle en raison de la douleur qui l'assaille. – **4.** Renart s'est levé de bon matin et s'est mis en route afin de trouver de quoi se nourrir. – **5.** Le soir, après avoir bien mangé, Renart dort à la manière d'un loir/prince…

3 Voici des idées dont tu peux t'inspirer ; mais il existe bien d'autres possibilités !
C'est l'hiver. Renart a faim à cause du manque de nourriture *(cause)*. Il aperçoit des marchands avec une charrette pleine de poissons. À leur passage, il fait semblant d'être mort afin d'attirer leur attention *(but)*. Les marchands décident alors de l'emmener avec eux pour récupérer sa fourrure *(but)*. Pendant le voyage, Renart charge sa besace de poissons et il saute de la charrette en route. Les marchands s'en aperçoivent ! Ils lui courent après, mais ne peuvent le rattraper parce que le goupil est plus rapide *(cause)*. Renart rentre chez lui auprès de Dame Hermeline, et tous deux mangent les poissons comme s'ils n'avaient rien mangé depuis des mois *(comparaison)*.

11 Utiliser des propositions relatives

1 L'océan sur lequel les deux équipages naviguaient (4) était déchaîné. Malgré cela, on entendit les hurlements qui signifiaient le début des hostilités (2). Des ordres que lançaient les hommes habitués au combat (3) fusèrent de part et d'autre. Les matelots brandirent les armes les plus variées, avec lesquelles ils donnèrent l'assaut (1). Le combat était engagé.

2 L'homme était vêtu d'une chemise qui lui permettait de cacher sa blessure. On devinait qu'il avait une jambe de bois à la manière dont il se déplaçait en boîtant. Le navire avec lequel il avait réalisé ses légendaires traversées était à quai et faisait l'objet du regard des curieux.

3

Pronom relatif	Fonction dans la prop. relative	Exemple
qui	sujet	qui indiquait une souffrance et une fatigue mortelles
que	COD	que j'avais entendue
prép. + lequel	complément introduit par *dans*	dans laquelle je l'avais vu d'abord

4 Le pirate, qui venait d'entrer dans l'auberge, regarda autour de lui avec férocité. Les clients se retournèrent pour fixer l'homme qu'ils avaient entendu entrer. Le flibustier prit la parole dans un grand silence :
« Le navire sur lequel nous naviguions a coulé, nous avons dû fuir en chaloupe jusqu'à ce port. Nous avons de l'argent, servez-nous à dîner et faites-nous place ».
Les clients, soulagés par ce discours, retournèrent à leurs occupations. L'auberge, dont le patron était un homme plutôt cordial et bienveillant, reprit vie.

5 Le navire approchait enfin de l'île où se profilaient d'étranges arbres. Les deux hommes contemplèrent longuement cette terre qui venait d'apparaître à leur vue. Le capitaine ajusta sa lorgnette sur les rivages de l'île pour trouver un endroit où il serait possible de faire aborder une chaloupe.
Le moussaillon, qui rêvait depuis longtemps de rencontrer des « sauvages », s'efforçait de deviner si l'île était habitée. De loin, l'île semblait calme et hospitalière avec sa verte forêt et sa belle plage de sable qui s'étendait sur plusieurs centaines de mètres.

12 Maîtriser les procédés de reprise

1 Le Grand Khan fit fort bon accueil à Marco Polo. Il suffit de dire que celui-ci se fit bien vite aux manières de la cour de l'empereur des Tartares. Il apprit les diverses langues en usage dans le pays. Il se fit apprécier de tous, mais plus particulièrement de l'empereur. Quand celui-ci vit que Marco était si sage, il voulut éprouver ses qualités. Il le chargea d'une affaire dans un pays éloigné et où on ne pouvait pas se rendre en moins de six mois.

2 **1.** Marco Polo enfourche son cheval et s'apprête à repartir. Mais celui-ci est fatigué, et refuse d'avancer.
2. Bagdad contient beaucoup de marchands. Le calife leur demande d'aller acheter et vendre des marchandises en Inde.
3. Le marchand accoste au port, où sont arrimés de nombreux bateaux. Le sien est le plus beau de tous.
4. Ulau interroge le calife de Bagdad mais celui-ci refuse de lui répondre.

3
- le voyageur italien • — • Marco Polo
- le pays des éléphants • — • l'Inde
- le fleuve qui traverse Bagdad • — • le Tigre
- le grand empereur de la Mongolie • — • le Grand Khan

4 Quand ils sont malades, ils font venir leurs magiciens : ce sont les enchanteurs des diables et ceux qui servent les idoles, et dans cette province, il y en a quelques-uns ! Quand ces magiciens sont venus, les malades leur disent les maux qu'ils ont ; et les mages, aussitôt, commencent à sonner instruments, et chantent et dansent.

5 Voici une proposition de corrigé. Les procédés de reprises s'appliquent à deux identités différentes : Marco Polo et la foule des Chinois.
Marco Polo fit son entrée à Pékin avec son escorte. Fièrement dressé sur son cheval dans sa longue tunique jaune, il était resplendissant. Une population nombreuse de Chinois était assemblée sur la place qu'il traversait. Elle s'écarta à son passage pour l'accueillir. De son cheval, le fils de messire Niccolo voyait les lances de soldats dépasser de cette mer d'hommes. Il apercevait des marchands d'animaux, des seigneurs bien vêtus à la toque de fourrure, des soldats puissamment armés et quelques femmes aux bijoux étincelants. L'explorateur était enthousiasmé par l'architecture des tours et des bâtiments. Ce dernier avait hâte de gagner le palais de l'empereur : il commençait à être gêné par le regard de cette foule qui l'observait.

13 Employer des mots de liaison

1 6 (« Finalement ») – 3 (« lorsque »)
1 (« Un matin ») – 2 (« Peu de temps après »)
5 (« alors ») – 4 (« Pendant que »)

2 **1.** mais – **2.** or – **3.** en effet – **4.** car
5. si bien que

3 Autrefois, une vieille vivait uniquement grâce au lait de ses deux vaches. Or, un jour, celles-ci s'enfuirent hors du pré communal et furent récupérées par le prévôt. Mais ce dernier refusa de les rendre : en effet, rien ne prouvait qu'elles étaient à elle. Alors, la voisine de la vieille lui proposa de « graisser la patte au chevalier » afin qu'il aille plaider sa cause auprès du prévôt. Aussi, le lendemain, la vieille se saisit d'un morceau de lard et alla en enduire les mains du chevalier. Celui-ci fut surpris, si bien qu'il éclata de rire. Cependant, il lui promit qu'elle allait récupérer son bien.

4 Un clerc malhonnête allait de quartier en quartier pour soigner les malades – à ce qu'il prétendait. Il ne possédait en réalité aucune connaissance en médecine. Un beau jour, il se présenta une fois de plus à la porte d'un des habitants de la ville, atteint de fièvre depuis plusieurs jours. Il entra donc et procéda comme à son habitude : le malade exposa son mal, puis le clerc lui demanda de se déshabiller afin de se livrer à l'examen. Tandis que le patient s'éloignait pour retirer ses vêtements, le clerc se mit à fouiller les meubles de la pièce et les habits qui traînaient pour trouver l'argent du malade. Dès que notre clerc eut trouvé ce qu'il cherchait, il s'en empara et quitta la maison au plus vite.
Or, un soir, le feu se déclara dans la demeure du clerc. Alertés par ses cris, les habitants de la rue sortirent immédiatement de chez eux. Cependant, il se trouvait parmi eux plusieurs de ses victimes. Très vite, une idée germa pour se venger de lui. Avant de lancer des seaux d'eau pour éteindre l'incendie, on lui demanda de sortir tout nu s'il ne voulait pas finir brûlé et sans maison. On le vit ainsi franchir le pas de sa porte précipitamment, essayant de cacher sa nudité du mieux qu'il le pouvait. La foule amassée partit aussitôt d'un grand éclat de rire, avant de se ressaisir pour démarrer l'organisation des secours.

14 Explorer le vocabulaire des sensations et des sentiments

1

clameur	O	croquer	G
dévisager	V	gluant	T
harmonieux	V	pestilantiel	Od
piquant	G ou T	pression	T
vert	V		

2 **1.** Le jour commençait à peine mais la lumière de la lampe tempête que j'avais oublié d'éteindre dans ma fatigue me suffisait pour apercevoir nettement sur le fond blanc des murs crépis à la chaux cet incroyable envoyé de l'aube.
→ la vue
2. Les bruits de la brousse – craquements, gémissements, sifflements, chuchotements – formaient autour de la hutte un secret langage nocturne.
→ l'ouïe

3 **1.** regardait : examinait / scrutait
2. sentir : flairer
3. toucha : caressa

4 **1.** joyeuse ; allégresse
2. appréhension ; forcée ; tension
3. plénitude

5 Tout à coup je l'aperçus. Il était encore loin mais je le reconnus à sa taille et à sa démarche lente et étirée. Je frissonnai de peur à l'idée qu'il allait s'approcher de nous. Voudrait-il s'en prendre à notre groupe ? Cependant, plus il s'approchait, plus j'oubliai mes craintes. En effet, son allure était vraiment majestueuse et je pus apercevoir l'ampleur de sa crinière fauve qui volait au vent. Elle encadrait une gueule magnifique que je distinguai mieux lorsqu'il fut tout près de nous. Après nous avoir longuement fixés, il se mit à tourner autour de notre véhicule en le reniflant. Mais je n'avais plus peur. Je lui jetai un morceau de viande ; la manière dont il le dévora m'impressionna. Il finit par s'éloigner. J'étais ému d'avoir pu admirer d'aussi près une bête somptueuse.

15 Explorer le vocabulaire du Moyen Âge

1

- le suzerain → seigneur au-dessus de tous les autres dans un territoire donné
- le vassal → homme ou femme qui dépend d'un seigneur lui ayant concédé un fief
- le vilain → paysan
- le chevalier → noble combattant à cheval pour un seigneur

2 Aussitôt qu'ils se virent, les deux hommes s'élancèrent l'un contre l'autre, animés d'une haine mortelle. [...] Les lances rompues furent vite en morceaux sur le sol. Ils s'affrontèrent alors à l'épée. Les écus déchiquetés ne purent bientôt plus les couvrir [...]. Il leur fallut se battre sans protection [...]. Farouchement ils s'affrontaient, solides comme des rocs. Leurs heaumes étaient tout cabossés, et leurs hauberts si déchirés qu'ils ne valaient pas plus qu'un froc de moine pour les protéger !

3 **1.** loyal – **2.** hardi – **3.** pieux

4 Monseigneur Yvain joignit aussitôt les mains et se mit à genoux en disant [...] :
– Dame, non, je ne vous demanderai pas d'avoir merci de moi, mais je vous remercierai de tout ce que vous voudrez me faire subir car rien ne m'en pourrait déplaire.
– Je n'ai jamais rien entendu de pareil, fait-elle ; vous acceptez de vous mettre entièrement en mon pouvoir sans même que j'aie à vous contraindre.
– Dame, aucune force n'égale celle qui [...] me commande en tout de suivre votre volonté.

5 Érec fut tout ébloui par le spectacle d'une si grande beauté et dit à la demoiselle : « Je suis transporté par la vision que vous m'offrez. Votre visage d'ange et vos cheveux d'or ravissent ma vue. Votre regard m'éblouit. Ce serait un grand honneur pour moi que vous acceptiez que je me mette à votre service. Je ferai tout ce que vous me commanderez de faire pour l'amour de vous. Je me placerai en votre pouvoir et obéirai à tous vos désirs sans faiblir. »

16 Écrire un compte-rendu

1 ☒ Un gérant de magasin près de Lille a retrouvé une boîte contenant 100 000 euros et les a remis à un couple tout heureux de récupérer son bien.

2 **a.** Un homme de 46 ans dont on ignorait mardi l'identité, rentrait chez lui lundi soir, à South Woodham Ferrers (Essex), quand un projectile congelé est, a-t-il raconté, entré par la fenêtre ouverte de sa voiture et lui a cassé le nez. « Il a expliqué qu'il avait vu une voiture arriver de l'autre côté, et ressenti une forte douleur au nez. Il a réussi à s'arrêter [...] et des passants sont venus à son aide », a déclaré un porte-parole des services ambulanciers de l'Essex. « Il avait le nez cassé, sans aucun doute, et a perdu beaucoup de sang », a précisé la même source.
« C'était beaucoup de chance ou de malchance que de réussir à lancer une saucisse dans une voiture qui roulait », a ajouté le porte-parole en soulignant qu'il n'avait jamais vu ou entendu parler d'une histoire pareille auparavant.
La police a ouvert une enquête.
b. Lundi soir, à Sooth Woodham Ferrers, un homme a reçu sur le nez une saucisse congelée lancée à travers la fenêtre ouverte de sa voiture. Son nez a été cassé et il a perdu beaucoup de sang. La police enquête.

3 4 -7 - 3 - 2 - 6 - 5 - 1 - 3

17 Exprimer ses sentiments dans un récit personnel

1 **1.** Je le saisis ; – mais lui, effrayé de ma violence, il me fit à la main une légère blessure avec les dents. Une fureur de démon s'empara soudainement de moi. Sentiment de fureur
2. Une terreur insurmontable s'empara de moi, les cheveux se hérissèrent sur mon front, mes dents s'entrechoquèrent à se briser, une sueur froide inonda tout mon corps. Sentiment de terreur
3. Quelle journée admirable ! J'ai passé toute la matinée étendu sur l'herbe, devant ma maison, sous l'énorme platane [...]. Comme il faisait bon ce matin ! Sentiment de bonheur et joie

2 **1.** J'éprouve un immense plaisir à voir tous les gens que j'aime réunis ; ma mère est si joyeuse ! – **2.** Une grande frayeur s'empare de nous. Tout le monde se met à crier et à s'agiter dans tous les sens. Je ne supporte pas les orages, ils me rendent si nerveux ! – **3.** Ma peur est à son comble lorsque j'entends résonner dans la maison les hurlements de l'oncle Albert. Ne le voyant pas revenir, cette angoisse fait bientôt place au désarroi et à une profonde inquiétude... – **4.** Quel soulagement, vraiment ! Maintenant, je me sens mieux. Tout le monde est à la joie d'être à nouveau réunis mais... je demeure perplexe : où donc oncle Albert avait-il disparu pendant tout ce temps ?

3 **1.** Après avoir longtemps marché dans la lande, nous découvrîmes un immense château aux hautes tours dentelées composé de pierres sombres. Les remparts étaient entourés de douves remplies d'eaux noires. Était-ce donc cela, l'endroit que nous devions visiter ? – **2.** L'isolement du lieu et l'austérité du château ne nous rassuraient guère : tant de légendes courent sur l'Écosse et ses créatures fantastiques ! Le guide entama sa visite, et nous le suivîmes... bien malgré nous. Soudain, des cris retentirent qui nous semblaient provenir de l'autre bout du château. Il s'agissait de plaintes rauques, qui n'avaient rien d'humain. Nous nous regardâmes avec inquiétude, puis tous mes camarades s'éloignèrent rapidement en suivant le guide de près. – **3.** *Je restai en arrière du groupe et j'entendis de plus en plus distinctement quelque chose qui montait des entrailles du château et se rapprochait.* – **4.** Mon cœur se mit à battre de plus en plus fort. Je n'avais plus le choix. Je devais continuer. Les tempes battantes, les mains moites, les jambes flageolantes, j'avançai en direction d'une porte fermée. Je distinguais de mieux en mieux les grognements, ainsi qu'un bruit de chaînes qui s'intensifiait. Puis le bruit cessa. Prenant mon courage à deux mains, j'ouvris la porte d'un coup brusque. – **5.** *À ce moment là, je compris que le fantôme avait rebroussé chemin.* – **6.** Toute ma tension retomba d'un seul coup. Je me sentis libéré d'un immense poids, et me surpris à sourire tout seul. Je décidai qu'il était plus raisonnable de rebrousser chemin pour retrouver mes camarades. Malgré tout, je ne pus m'empêcher d'éprouver une certaine déception : qui sait, peut-être venais-je de manquer l'unique occasion de ma vie de rencontrer un fantôme !

18 Rédiger une interview

1 4 – 1 – 5 – 2 – 6 – 3

2 Voici des exemples de questions que tu pourrais poser à M.I.A.
1. Espérez-vous faire évoluer la situation politique de votre pays, le Sri Lanka, grâce à vos chansons ?
2. Pourquoi avoir choisi la musique électronique ?
3. Quand sortira votre prochain album ?

3 Où as-tu passé ton enfance ?
Quel genre d'enfant étais-tu ?
Quelles études as-tu suivies ?
Comment as-tu été amené à t'inscrire à ce concours télévisé ?
Après ce premier succès, quels sont tes projets ?
Quelles musiques t'ont influencé ?

19 Rédiger une scène comique

1 **1.** le faux dévot (2.) – **2.** l'avare (1.) – **3.** l'autoritaire égoïste (3.)

2 4 – 2 – 1 – 3

3 Voici un extrait de la scène 10 de l'acte 3.
TOINETTE. – Donnez-moi votre pouls. Allons donc, que l'on batte comme il faut. Ah ! je vous ferai bien aller comme vous devez. Ouais ! ce pouls-là fait l'impertinent ; je vois bien que vous ne me connaissez pas encore. Qui est votre médecin ?
ARGAN. – Monsieur Purgon.
TOINETTE. – Cet homme-là n'est point écrit sur mes tablettes entre les grands médecins. De quoi dit-il que vous êtes malade ?
ARGAN. – Il dit que c'est du foie, et d'autres disent que c'est de la rate.
TOINETTE. – Ce sont tous des ignorants. C'est du poumon que vous êtes malade.

4 PIERRE. – Tu as vu le dernier modèle ?
LE PÈRE. – Oui, je vais aller l'essayer demain...
PIERRE. – Super, papa, je pourrais t'accompagner ?
LE PÈRE. – Bien sûr, cela me fait plaisir !
PIERRE. – Et on pourra l'acheter, alors, s'il nous plaît !
LE PÈRE. – Hé, doucement, c'est tout de même un gros investissement !
PIERRE. – Oui, mais en ce moment, le prix est très bas pour le lancement de l'offre...
LE PÈRE. – Ah bon ? Je n'en ai pas entendu parler. Mais pourquoi tiens-tu tant à ce que je l'achète ? Après tout, tu ne sais pas conduire !
PIERRE. – Tu crois ça ? Mais c'est tellement facile, avec les nouvelles manettes !
LE PÈRE. – Mais de quoi parles-tu ? Moi je parle de la nouvelle voiture japonaise !
PIERRE. – Zut, et moi qui pensais que tu parlais du nouveau jeu vidéo à la mode !

5 **1.** M. FOLLAVOINE. – Rose, savez-vous où se trouvent les Hébrides ?
ROSE. – Les « zé... » quoi Monsieur ? je n'ai pas bien compris.
M. FOLLAVOINE. – Les Hébrides, ma pauvre Rose, faites un effort ; tout le monde connaît les Hébrides, tout de même.
ROSE. – Les Zébrides ?
M. FOLLAVOINE, agacé. – Hé bien oui, les Hébrides !
ROSE. – Vos zébrides, je ne sais pas où vous les avez mises. (À part.) Je ne sais pas de quoi il parle, mais ayons l'air de comprendre ce qu'il veut dire. (À M. Follavoine.) Monsieur est bien étourdi de perdre ainsi ses affaires.
M. FOLLAVOINE. – Décidément, ma pauvre Rose, vous ne comprenez rien.
2. M. FOLLAVOINE. – Ma bonne amie, figurez-vous que je cherche depuis tout à l'heure où se trouvent les îles Hébrides.
MME FOLLAVOINE. – Eh ! bien, regardez dans le dictionnaire.
M. FOLLAVOINE. – J'ai eu la même idée que vous, vous pensez bien, mais ce dictionnaire n'y renvoie pas... Cet ouvrage est vraiment très mal fait.
MME FOLLAVOINE, l'air exaspéré. – Laissez-moi faire, je vais chercher pour vous. (Elle trouve le dictionnaire ouvert à la page des « Z ».) Comment ça, « z » ? Évidemment que vous ne les avez pas trouvées ! Vous me décevez mon cher. Tout le monde sait qu'Hébrides s'écrit avec un « e ». (Un temps.) Tiens, comme c'est curieux, je ne trouve rien.
M. FOLLAVOINE. – Je le savais. Vous voyez bien que j'avais raison. Je vais immédiatement écrire à l'éditeur de ce dictionnaire.
Tu peux aussi lire les véritables dialogues correspondant à cette situation dans les deux premières scènes de la pièce *On purge Bébé* !

20 Écrire un épisode de récit de chevalerie à partir d'une image

1 **1.** L'habillement du personnage de droite indique qu'il s'agit d'un chevalier : il porte un heaume et est vêtu d'une cotte de mailles et d'une armure. Il a pour armes une épée et un bouclier. – **2.** Les personnages situés à gauche sont des dragons ; ils se tiennent sur deux pattes et possèdent des ailes. Ils portent des cornes et crachent des flammes. – **3.** La scène se passe au bord d'un fleuve, dans une campagne boisée. À l'arrière-plan, on distingue un château médiéval. – **4.** Le pied en avant et l'épée levée, le chevalier est en train de se battre contre les dragons. Il est dans une position offensive, tandis que les dragons sont dans une posture de retrait. On imagine aisément l'issue du combat. – **5.** L'enluminure représente un chevalier combattant vaillamment deux dragons. Vêtu de son armure protectrice, il s'apprête à frapper les bêtes maléfiques de son épée. Les dragons sont dans une attitude de retrait, bien qu'ils tentent de brûler le chevalier en crachant des flammes. On peut donc être certain que le chevalier sortira vainqueur de cette épreuve.

2 **a.** Observation de l'image.
Le personnage principal de l'enluminure est un chevalier (il porte un heaume, une épée et un bouclier doré).
Dans la première épreuve, il se sert de son épée comme d'un pont pour traverser une rivière dangereuse ; il maintient son bouclier avec ses dents. Dans la deuxième épreuve, il combat trois lions féroces. Dans la troisième épreuve, il participe à un tournoi ; des personnages (dont certains sont couronnés) observent le combat depuis le château.
b. Voici une proposition de rédaction décrivant la dernière épreuve. À toi d'inventer l'issue du combat et la rencontre avec les habitants du château…
Le chevalier est enfin parvenu au château de la reine. Mais avant de pouvoir lui présenter ses hommages, il lui faut affronter une nouvelle épreuve : un tournoi. Il combat le favori du roi, qui n'a jamais été vaincu depuis qu'il s'est mis au service de la cour. Notre chevalier l'affronte longuement, et lui porte plusieurs coups aux jambes et aux bras. Son épée tournoie dans l'air avec grâce et agilité, tel un oiseau de proie. Le combat épuise les deux adversaires, mais pour l'amour de leur dame, ni l'un ni l'autre ne céderont jamais. Du haut de son balcon, elle les regarde avec attention : leur honneur est en jeu.

21 Imaginer un récit d'aventures

1 **1.** Je suis un scientifique parti en mer à la poursuite du mystérieux monstre marin dont parle le monde entier. Des calmars et des pieuvres géants nous en font voir de toutes les couleurs.
2. Nous sommes un groupe de collégiens voyageant vers Bali. Durant le vol, notre avion s'écrase sur une île indonésienne. Nos accompagnateurs trouvent la mort dans ce crash. Livrés à nous-mêmes dans une nature sauvage et paradisiaque, nous tentons de nous organiser en reproduisant le modèle d'une société. Mais bien vite, le désir de pouvoir des uns et des autres compromet nos efforts collectifs pour survivre.
3. Je suis une exploratrice passionnée d'archéologie. Je me rends en Égypte sur l'invitation d'un ami souhaitant me montrer un hiéroglyphe énigmatique. Sur place, une équipe de mercenaires nous tend un piège et nous enlève.

2 Le héros est certainement un homme parti vers le Grand Nord pour trouver de l'or. On peut penser qu'il va entrer en conflit avec les nombreux autres chercheurs. Peut-être la quête effrénée d'or le perdra-t-elle ou bien peut-être apprendra-t-il sur lui-même et les hommes. Il repartira alors libéré de sa soif d'or.

3 **1.** Il réussit à prévenir le gouvernement du danger imminent pour l'État ; on lui envoie une équipe de protection ; les terroristes sont arrêtés.
2. Une tempête de neige épouvantable lui fait perdre son chemin. Épuisé et transi, le héros parvient à transmettre les informations météorologiques très attendues.
3. Il s'efforce de les convaincre qu'il n'est pas leur ennemi. Ses tentatives échouent.

22 Décrire un lieu, un décor

1 **1.** Le lieu paraît merveilleux.
2. Le lieu paraît inquiétant et inhospitalier.

2 Sa situation était loin d'être désespérée. Certes, cette île était apparemment ☒ déserte ❑ habitée. Mais cela ne valait-il pas mieux que si elle avait été peuplée de cannibales ? En outre, elle paraissait assez ☒ accueillante ❑ inhospitalière avec sa belle plage au nord, sa grande forêt à l'ouest, et en son centre, ce massif rocheux que perçait une grotte ☒ mystérieuse ❑ confortable et qui offrait un point de vue ☒ magnifique ❑ effroyable sur tout l'horizon.

3 Après avoir traversé une étendue marécageuse couverte de saules, de joncs et d'arbres paludéens aux formes bizarres et exotiques, je me trouvais maintenant au bord d'un terrain ondulé et sablonneux, long d'un mille environ, parsemé de quelques pins et de plusieurs arbres rabougris, semblables à des chênes, mais dont le feuillage pâle rappelait celui des saules.

4 **a.** La jungle amazonienne : cascades majestueuses – fleuve long de plusieurs milliers de kilomètres – marécages – zones dévastées par la déforestation – caïman – jaguar – toucan – palissandres – lianes – végétation luxuriante
L'Ouest américain : canyons – érosion – étendue désertique – roches composées de nombreuses strates – bison – coyote – rapace – cactus – séquoias – pins verts
b. Voici un exemple de description que tu pourrais rédiger pour l'Ouest américain.
Jeff atteignit le gigantesque canyon, dont les roches composées de nombreuses strates s'étendaient à perte de vue. Il prit alors toute la mesure de la force de l'érosion sur la nature. Des rapaces tournoyaient au-dessus de la vallée et il aperçut des coyotes qui se glissaient entre les rares pins verts s'accrochant sur les replis calcaires.
Un peu plus loin, Jeff distingua une forêt de séquoias gigantesques. Le Far West s'offrait à lui.

23 Décrire un héros de récit d'aventures

1 Passepartout était un brave garçon, de physionomie aimable, aux lèvres un peu saillantes toujours prêtes à goûter ou à caresser, avec une de ces bonnes têtes rondes que l'on aime à voir sur les épaules d'un ami. Il avait les yeux bleus, le teint animé, la figure assez grasse.

2

cheveux	bouclés	épaules	robustes
front	bombé	jambes	longilignes
nez	grec	teint	pâle
visage	ovale	yeux	verts

3 ☒ agilité – ❑ curiosité – ❑ précipitation – ❑ prudence – ☒ vivacité d'esprit – ☒ sang-froid

4 Dès qu'il aperçut Miss Prune à bord du bateau des pirates, le lieutenant Higgs sauta dans l'eau glacée. Il nagea jusqu'à eux sans s'arrêter une seconde. Une fois qu'il les eut rejoints, il grimpa discrètement à bord du navire ; il n'avait pour seule arme qu'un couteau, mais la pensée de sa belle suffit à le décider. Il frappa sans hésiter un pirate qui se tenait de dos, afin de lui voler ses habits. Malheureusement, il fut vite repéré ! Deux pirates coururent aussitôt à lui en brandissant leurs longs poignards. La colère déformait leur visage, mais le lieutenant Higgs ne se laissa pas impressionner. D'un coup sec et précis, il planta son couteau dans l'épaule du premier pirate, qui tomba à terre en criant de douleur. Le deuxième lui planta alors son poignard dans la cuisse, mais le lieutenant en profita pour répliquer en lui assénant un direct du poing droit. Son adversaire s'écroula. Il courut alors délivrer sa promise.

24 Insérer un dialogue dans un récit

1 « Passepartout me convient, répondit le gentleman. Vous m'êtes recommandé. J'ai de bons renseignements sur votre compte. Vous connaissez mes conditions ?
– Oui, monsieur.
– Bien. Quelle heure avez-vous ?

– Onze heures vingt-deux, répondit Passepartout, en tirant de son gousset une énorme montre d'argent.
– Vous retardez, dit Mr. Fogg.
– Que monsieur me pardonne, mais c'est impossible.
– Vous retardez de quatre minutes. N'importe. Il suffit de constater l'écart. Donc, à partir de ce moment, onze heures vingt-neuf du matin, ce mercredi 2 octobre 1872, vous êtes à mon service. »

2

Réponse ou conclusion	Intention	Sentiment	Ton de voix
ajouter ; approuver ; conclure ; nier ; répliquer	interrompre ; questionner ; promettre	regretter ; se plaindre	bredouiller ; hurler ; murmurer

3 5 – 3 – 2 – 1 – 4

25 Écrire la fin d'un récit d'aventures

1 **1.** : c. – **2.** : d. – **3.** : a. – **4.** : b.

2 Je commençais à désespérer, quand je me souvins que j'avais aperçu la veille dans le couloir des officiers – ma curiosité m'avait, comme à mon habitude, entraîné dans cette partie du navire qui m'était normalement interdite – une série de gilets de sauvetage. J'y courus. Je réussis à prendre une dizaine de gilets, que je distribuai à mes amis et à quelques autres passagers que nous croisâmes.
Heureusement, nous n'eûmes pas l'occasion de les utiliser : le Queen Mary put se rendre sur les lieux du naufrage à temps, pour sauver les passagers du Martinez.

3

Début du roman	Il doit réussir le pari de faire le tour du monde en 80 jours.
Fin du roman	Il a gagné son pari et a rencontré une femme dont il est tombé amoureux.

4 Tu peux imaginer bien des éléments de résolution et donc des situations finales très différentes. Dans celle que nous avons retenue, l'aventurier européen a réussi à faire reconnaître par l'État la possession de ses terres ; il a pu reprendre son activité d'exploitant, comme il le souhaitait :
Le vieux John a aujourd'hui retrouvé la paix. Tous les matins, il se rend auprès de ses bêtes et il s'occupe longuement d'elles. L'après-midi, on le trouve dans son champ, affairé à cultiver cette terre pour laquelle il s'est si longtemps battu. Certains l'auraient vu parfois se baisser et ramasser furtivement un caillou brillant. Il est vrai que le vieux John s'est récemment acheté une nouvelle moissonneuse, ainsi qu'une nouvelle voiture.

26 Saisir et mettre en pages un récit

1 Gédéon Spilett, immobile, les bras croisés, était alors sur la grève, regardant la mer, dont l'horizon se confondait dans l'est avec un gros nuage noir qui montait rapidement vers le zénith. Le vent était déjà fort, et il fraîchissait avec le déclin du jour. Tout le ciel avait un mauvais aspect, et les premiers symptômes d'un coup de vent se manifestaient visiblement.

2 **a.** « Pour Dieu ! Jetez du lest !
– Voilà le dernier sac vidé !
– Le ballon se relève-t-il ?
– Non !
– J'entends comme un clapotement de vagues !
– La mer est sous la nacelle ! »

3 arrêter – château – égoïste – forêt – goût – île – là-bas – Londres – Noël – traîneau

4 On était au 6 mai, jour qui correspond au 6 novembre des contrées de l'hémisphère boréal. [...] Si le froid ne menaçait pas encore, la saison des pluies était proche, et sur cette île isolée [...] en plein océan Pacifique, le mauvais temps devait être fréquent.

Pour réussir SA RENTRÉE

Révisons pendant les vacances !

Pour tous les niveaux du collège, et également en maternelle et primaire

www.editions-hatier.fr

Hatier

Les codes de la chevalerie

- **Le code d'honneur.** Le chevalier est un modèle de *bravoure* et de *fidélité* : on parle de *preux* chevalier. Il est *courageux et hardi*, *loyal*, *miséricordieux* (il pardonne avec générosité) et *pieux* (il montre sa dévotion à Dieu).
  Mais il existe certains chevaliers *félons* (des traîtres) qui ne remplissent pas leurs devoirs.
- **L'amour courtois.** Le chevalier est au service de sa *dame*, à laquelle il jure *obéissance* et *fidélité*. Pour conquérir son cœur, il accomplit des *exploits* qu'il lui dédie.

★ **3** **Dans chaque phrase, choisis l'adjectif le plus approprié pour décrire le chevalier :** hardi – loyal – pieux.

1. C'est pour moi un ami si fidèle que, si quelqu'un me lance un javelot ou me tire une flèche, il s'interpose pour arrêter les coups. → ....

2. Il se tenait sur l'épée qui était plus tranchante qu'une faux, les mains nues et les pieds déchaussés. En voulant traverser, il se blesse mains et genoux et pieds.
→ ....

3. Il a une telle foi en Dieu qu'il le protégera en tous lieux. → ....

D'après C. de Troyes, *Lancelot ou le Chevalier de la charrette*.

★★ **4** **Yvain se met au service de sa dame... Complète l'extrait avec les mots proposés :** contraindre – merci de moi – en mon pouvoir – votre volonté – à genoux – déplaire.

Monseigneur Yvain joignit aussitôt les mains et se mit .... en disant […] :
– Dame, non, je ne vous demanderai pas d'avoir ....
mais je vous remercierai de tout ce que vous voudrez me faire subir car rien ne m'en pourrait ....
– Je n'ai jamais rien entendu de pareil, fait-elle ; vous acceptez de vous mettre entièrement .... sans même que j'aie à vous ....
– Dame aucune force n'égale celle qui […] me commande en tout de suivre
....

D'après C. de Troyes, *Yvain ou le chevalier au lion*.

COUP DE POUCE
L'expression « avoir merci de quelqu'un » signifiait « avoir pitié de quelqu'un ».

★★★ **5** À TOI DE JOUER

Sur ton cahier de rédaction, imagine les paroles du chevalier Érec qui, tombé amoureux de la belle Énéïde, lui promet de se mettre à son service.

Tu peux commencer ainsi ton texte : *Erec fut tout ébloui par le spectacle d'une si grande beauté et dit à la demoiselle : …*

COUP DE POUCE
Inspire-toi de l'extrait précédent.

Corrigés p. 9

RÉDIGER UN TEXTE

16 Écrire un compte-rendu

Recueillir les informations essentielles

Un compte-rendu doit permettre à des personnes qui n'étaient pas présentes lors d'un événement (ou d'une rencontre) de se le représenter le plus fidèlement possible.

- Tu dois **sélectionner** les informations essentielles pour ton futur lecteur en laissant de côté les éléments non indispensables. Les informations que tu conserves doivent répondre aux questions *Qui ? Quoi ? Où ? Quand ?* et surtout *Comment ?*
- Il te faut **reformuler** avec tes propres mots les informations que tu reçois en restant le plus objectif et le plus précis possible.

★ **1** **Lis l'article de journal suivant, puis coche le compte-rendu qui te semble le plus fidèle.**

> Le responsable du Bricorama de Saint-André-lez-Lille, dans l'agglomération Lille Métropole, a découvert samedi une boîte en métal contenant 100 000 euros en liquide. L'argent était soigneusement rangé en petites coupures de vingt, cinquante et cent euros. La boîte à gâteaux métallique contenait également une enveloppe avec une adresse. Le responsable du magasin a aussitôt décidé de rendre l'argent. En se rendant à l'adresse indiquée, il a découvert un couple de personnes âgées qui avaient économisé pour leurs vieux jours. Le mari est actuellement hospitalisé et sa femme, gravement malade, doit partir en maison de retraite. La boîte avait été jetée par erreur par leurs enfants lors du déménagement.

Article d'A. Dufresne, *La Voix du Nord*, septembre 2009.

❑ Un employé d'un magasin près de Lille a retrouvé un sac contenant de l'argent qu'il a remis à leurs propriétaires. Ils s'en serviront pour leurs vieux jours.

❑ Le gérant d'un magasin de Saint-André-lez-Lille, près de Lille (Nord), a découvert 100 000 euros en liquide dans les poubelles situées à l'extérieur du magasin et les a remis à leurs propriétaires.
Ce couple de personnes âgées en a bien besoin pour payer des frais médicaux.

❑ Un gérant de magasin près de Lille a retrouvé une boîte contenant 100 000 euros et les a remis à un couple tout heureux de récupérer son bien.

COUP DE POUCE
Un bon compte-rendu doit être bref tout en indiquant les informations essentielles. Vérifie bien que toutes les informations sont exactes !

★★ **2** **a. Souligne les éléments utiles que tu devrais conserver si tu devais rendre compte du fait divers suivant.**

Un homme de 46 ans dont on ignorait mardi l'identité, rentrait chez lui lundi soir, à South Woodham Ferrers (Essex), quand un projectile congelé est, a-t-il raconté, entré par la fenêtre ouverte de sa voiture et lui a cassé le nez. « Il a expliqué qu'il avait vu une voiture arriver de l'autre côté, et ressenti une forte douleur au nez. Il a réussi à s'arrêter et des passants sont venus à son aide », a déclaré un porte-parole des services ambulanciers de l'Essex. « Il avait le nez cassé, sans aucun doute, et a perdu beaucoup de sang », a précisé la même source.

ATTENTION
Tu dois distinguer les détails anecdotiques des éléments essentiels.

« C'était beaucoup de chance ou de malchance que de réussir à lancer une saucisse dans une voiture qui roulait », a ajouté le porte-parole en soulignant qu'il n'avait jamais vu ou entendu parler d'une histoire pareille auparavant. La police a ouvert une enquête.

b. À partir des éléments que tu as choisi de conserver, résume ce fait divers.

....

....

....

....

Organiser son compte-rendu

- Une fois que tu as pris toutes les informations importantes en notes, tu dois les **classer**. Le plus simple est d'adopter un classement **chronologique** (tu rends compte des éléments dans l'ordre dans lequel ils se sont déroulés).
- Utilise des **liens logiques** (voir p. 28) et reviens à la ligne pour créer de nouveaux paragraphes, afin de rendre ton compte-rendu plus clair.

3 **Reconstitue le compte-rendu d'un match de football en remettant les phrases suivantes dans l'ordre (numérote-les de 1 à 7).**

.... Les Clermontois, auteurs d'une courageuse deuxième période, s'inclinent face à Montpellier sur le score de 2 à 1.

.... Puis c'est au tour de Badiane d'être sanctionné d'un carton jaune.

.... Quelques minutes seulement après le premier but, Abdoulaye écope en premier d'un carton jaune pour un tacle trop appuyé.

.... La rencontre va commencer ; les deux équipes pénètrent sur la pelouse de La Mosson.

.... L'arbitre annonce trois minutes de temps additionnel...

.... Après deux buts de Montpellier, Clermont marque enfin ; Badiane, sur la gauche, élimine Bocaly et trompe Carasso d'une frappe, croisée, du droit à ras de terre.

.... Première occasion de Montpellier sur une superbe frappe croisée du gauche d'Ouadah. À l'entrée de la surface auvergnate, Fabre se détend et parvient à repousser le danger.

COUP DE POUCE
Tu peux deviner facilement que le compte rendu démarrer avec la phrase : *La rencontre va commencer...*

4 À TOI DE JOUER

Tu as assisté à une réunion et tu dois en rendre compte devant tes camarades de classe ou devant les membres de ton club ou de ton association.
Sur ton cahier de rédaction, rédige en une dizaine de lignes le compte-rendu de la réunion.

COUP DE POUCE
- Tu peux commencer ainsi : « La réunion de... a eu lieu le... . Étaient présents : ... ».
- Écris ton texte au présent ou au passé composé. N'oublie pas d'employer des mots de liaison. Ils aideront ton lecteur à suivre plus facilement le développement de ton compte-rendu.

Corrigés p. 10

RÉDIGER UN TEXTE

17 Exprimer ses sentiments dans un récit personnel

Exprimer ce que l'on ressent

Dans un récit personnel, tu racontes une expérience ou un événement marquant dont tu as été acteur ou témoin, en faisant part à ton lecteur de ce que tu as ressenti.

- Ton récit doit être écrit à la 1re **personne** : tu es le **personnage principal** et le lecteur voit à travers ton regard. Il doit connaître précisément tes impressions et tes sentiments. Ainsi, même lorsque tu décris un autre personnage, pense à montrer l'effet qu'il a produit sur toi.
- Tu dois être le plus **précis** possible dans l'expression de tes sensations et tes sentiments (voir p. 30). Utilise des verbes de perception (*sentir, regarder, toucher...*) ou des tournures telles que *j'avais l'impression de/que..., je me sentais envahi par..., j'éprouvais...*

★ 1 Pour chaque extrait, indique le(s) sentiment(s) éprouvé(s) par le narrateur, et souligne les éléments qui t'ont permis de répondre (verbes, noms, adjectifs, ponctuation...).

1. Je le saisis ; – mais lui, effrayé de ma violence, il me fit à la main une légère blessure avec les dents. Une fureur de démon s'empara soudainement de moi.

....

E. A. Poe, trad. de C. Baudelaire, *Le Chat noir*, 1843.

2. Une terreur insurmontable s'empara de moi, les cheveux se hérissèrent sur mon front, mes dents s'entrechoquèrent à se briser, une sueur froide inonda tout mon corps.

....

T. Gautier, *La Cafetière*, 1831.

3. Quelle journée admirable ! J'ai passé toute la matinée étendu sur l'herbe, devant ma maison, sous l'énorme platane [...]. Comme il faisait bon ce matin !

....

G. de Maupassant, *Le Horla*, 1887.

★★ 2 Voici les différentes étapes d'un récit. Pour chacune d'entre elles, exprime en une phrase le(s) sentiment(s) que tu ressentirais si tu vivais les événements suivants.

COUP DE POUCE
Rédige tes phrases à la 1re personne.

1. C'est l'anniversaire de ta mère. Toute la famille s'est réunie pour fêter l'événement, et le temps est au beau fixe.

....

2. De manière incompréhensible, le temps vire brusquement à l'orage. La pluie commence à tomber dru, et les murs de la maison se mettent à trembler. Soudain, la lumière s'éteint !

....

....

3. Des adultes partent chercher des bougies, quand tout à coup, on entend des cris de l'oncle Albert. Personne ne sait où il est : il a disparu !

....

4. Quelques minutes plus tard, la lumière revient. L'oncle Albert a reparu comme par magie, et, chose étrange, il semble aussi serein que d'habitude.

....

....

ATTENTION
Il faut qu'à chaque étape du récit corresponde un sentiment.

Mener le récit

- L'expression de tes sentiments doit s'inscrire dans un récit vivant. En complément des passages où tu exprimes ce que tu ressens, tu dois donc insérer :
  – des **péripéties** qui s'enchaînent et qui font progresser l'action, au passé simple ou au passé composé ;
  – des **passages descriptifs** qui aideront à imaginer les lieux et les personnages, à l'imparfait.

3 **Tu as visité avec ta classe un château en Écosse réputé hanté. Alors que vous passiez près des caves, un bruit a attiré ton attention… Sur ton cahier de rédaction, rédige le récit de cette aventure en suivant les indications qui te sont données.**

1. Décris le château.
2. Décris le bruit que tu as entendu.
3. *Je restai en arrière du groupe et j'entendis de plus en plus distinctement quelque chose qui montait des entrailles du château et se rapprochait.*
4. Raconte les actions que tu entreprends et exprime ta peur.
5. *À ce moment là, je compris que le fantôme avait rebroussé chemin.*
6. Exprime ton soulagement.

COUP DE POUCE
Recopie les passages en italique et développe d'autres passages en fonction de la consigne donnée..

4 À TOI DE JOUER

Sur ton cahier de rédaction, raconte la plus grande peur que tu aies déjà ressentie. Avant de rédiger, réponds au brouillon aux questions posées ci-dessous.

1. Quel est le sujet de ton histoire ?
2. Quelles en sont les circonstances (lieu, moment/occasion…) ?
3. Quelles étaient les personnes présentes ?
4. As-tu été acteur ou témoin ?
5. De quoi as-tu eu peur ? Comment ta peur s'est-elle manifestée ?
6. Comment se termine ton récit ?

COUP DE POUCE
Pour exprimer ta peur, tu peux utiliser : peur *– frayeur – terreur – effroi – frisson – tremblement – paniquer – être terrifié, tétanisé – avoir la chair de poule, les cheveux qui se dressent sur la tête…*

Corrigés p. 10

18 Rédiger une interview

Préparer la rencontre

- Interviewer quelqu'un, c'est le rencontrer pour lui poser des questions, et l'écouter y répondre. La rencontre est destinée à être communiquée à un public. On interviewe des spécialistes dans un domaine, des stars, des hommes politiques…
- Commence par définir un **but** à ton interview (que veux-tu apprendre de la personne interrogée ?), et prépare ton questionnaire à l'avance. Les questions *Qui ?, Où ?, Quoi ?, Comment ?, Quand ?* permettent de dresser le portrait assez complet d'une personne. Il te faut aussi réfléchir à l'**ordre de tes questions** : d'abord l'enfance, les études, les projets antérieurs, puis les projets actuels, par exemple.

1 ★ **Numérote les questions suivantes de 1 à 6 selon un ordre qui permette de comprendre la carrière d'un chanteur à succès.**

.... À quoi devez-vous le succès de votre dernier album ?

.... Qui vous a donné le goût de la musique ?

.... Pensez-vous refaire un album dans l'année ?

.... Avec quels musiciens avez-vous aimé travailler ?

.... La tournée de l'an prochain se prépare-t-elle dans de bonnes conditions ?

.... Si vous deviez choisir deux ou trois titres préférés parmi vos succès, quels seraient-ils ?

ATTENTION
Les questions doivent suivre un ordre logique et/ou chronologique.

2 ★★ **Lis la biographie de M. I. A., puis imagine trois questions que tu lui poserais en priorité si tu étais journaliste.**

M.I.A. (Mathangi « Maya » Arulpragasam) est une auteure, interprète et productrice d'origine tamoule (Sri Lanka) née le 17 juillet 1975 à Londres. À 6 mois, elle déménage avec ses parents au Sri Lanka, mais en 1986, la guerre civile oblige sa mère à regagner Londres avec ses enfants en tant que réfugiée. M.I.A. étudie les beaux-arts, le cinéma et la vidéo. Ses peintures, engagées, sont exposées en 2001 à Londres. En 2004, M.I.A. réalise une maquette de six chansons ; grâce à internet, au bouche-à-oreille et aux clubs, sa carrière est lancée. Son premier album, *Arular*, gagne le prix Mercury en 2005. Plus récemment, M.I.A. s'est fait connaître grâce a son titre *Paper planes* que l'on peut entendre dans le film *Slumdog Millionaire*. Sa musique électronique allie des éléments issus du hip-hop, du ragga et du funk ; ses textes engagés traitent surtout de la situation politique et sociale au Sri Lanka.

COUP DE POUCE
Demande-toi quelles sont les informations les plus importantes de la biographie pour construire tes questions.

1. ....

....

2. ....

....

3. ....

....

Mener l'interview

- Il existe plusieurs manières de **poser une question**. Tu peux utiliser :
  - les différentes tournures interrogatives ;

    ***Préparez-vous** un nouveau film ?* (niveau de langue soutenu)

    ***Est-ce que** vous préparez un nouveau film ?* (niveau de langue courant)

    ***Vous préparez** un nouveau film ?* (niveau de langue familier)

  - une tournure interro-négative : ***Ne** préparez-vous **pas** un nouveau film ?*
  - une phrase injonctive : ***Dites**-nous si vous préparez un nouveau film.*

Tu dois adapter ton registre de langue et tes formules de politesse à la personne que tu interviewes. Si tu parles à un jeune chanteur, tu pourras être plus familier qu'avec un responsable politique, par exemple.

- Au cours de l'interview, tu peux être amené à ne pas suivre l'ordre prévu, et à **rebondir sur une réponse** que tu juges intéressante ou, au contraire, insuffisante.

  Vous venez de nous parler des réalisateurs qui ont compté pour votre carrière ; pouvez-vous expliquer en quoi ils étaient importants pour vous ?

3 a. **Voici l'interview d'un jeune chanteur qui a gagné un concours télévisé. À partir des réponses, imagine les questions qui lui sont posées.**

Interviewer : ....

Star : J'ai passé toute mon enfance dans le sud de la France, dans le Vaucluse.

I : ....

S : J'étais un enfant qui aimait tout le temps s'amuser !

I : ....

S : Une fois que j'ai eu mon baccalauréat, j'ai arrêté mes études.

I : ....

S : Je prenais des cours de chant et je me suis présenté par hasard pour l'émission.

I : ....

S : Je suis en train de préparer mon premier album, qui sortira au printemps prochain.

I : ....

S : J'écoute essentiellement du rap et de l'électro, mais j'aime beaucoup le jazz, aussi.

COUP DE POUCE
En raison de son jeune âge, tu peux tutoyer ce chanteur..

b. **Rebondis sur une réponse que tu juges intéressante en proposant une question supplémentaire.**

....

4 À TOI DE JOUER

Réalise toi-même l'interview de ton personnage préféré de roman, de BD, de film ou de jeu vidéo. (Tu devras bien sûr imaginer ses réponses !) Travaille sur ton cahier de rédaction.

COUP DE POUCE
Avant de rédiger l'interview, dresse le portrait de ton personnage : Qui est-il ? Où vit-il ? Que fait-il ? Quels sont ses projets ?

Corrigés p. 11

RÉDIGER UN TEXTE

19 Rédiger une scène comique

Le comique de caractère

- On parle de comique de caractère quand l'auteur fait rire le public en se moquant du caractère d'une personne et de ses défauts qu'il grossit. À travers ce personnage, l'auteur vise des **défauts que l'on retrouve chez tous les hommes**.

1 **Parmi les personnages suivants, identifie : 1.** l'avare – **2.** le faux dévot – **3.** l'autoritaire égoïste. **(Indique le bon numéro en face de chaque extrait.)**

INFO
Un *faux dévot* est un hypocrite faisant semblant de se dévouer à Dieu.

.... **1.** TARTUFFE. – *(Il tire un mouchoir de sa poche.)* Ah ! mon Dieu, je vous prie, avant que de parler, prenez-moi ce mouchoir. [...] Couvrez ce sein que je ne saurais voir.

Molière, *Le Tartuffe*, 1669.

.... **2.** Vous voulez être riche ? Soyez économe. [...] Par exemple, il n'y a pas de petites économies. [...] Quand je suis pressé, le premier omnibus qui passe, je ne le prends pas !... Seulement, je cours après. J'arrive aussi vite et ça ne me coûte pas un radis !

G. Feydeau, « L'homme économe », *Monologues*, 1886.

.... **3.** Argan. – C'est pour moi que je lui donne ce médecin ; une fille de bon naturel doit être ravie d'épouser ce qui est utile à la santé de son père.

Molière, *Le Malade imaginaire*, 1673.

Le comique de situation et le comique de gestes

- Le comique repose toujours sur un **décalage** entre ce que l'on croyait voir ou entendre et ce qui finalement se produit.
- L'écrivain peut recourir au **comique de situation** : celui-ci procède souvent d'un retournements de situation (un valet ridiculisant son maître) ou d'un malentendu (dans un quiproquo, par exemple, deux personnages ignorent qu'ils ne parlent pas de la même chose).
- Le rire peut aussi naître des **gestes** des personnages. Grâce aux **didascalies**, l'auteur précise les mimiques, les grimaces, les gestes répétitifs, les coups de bâton...

2 **Indique par son numéro la place qui convient à chaque didascalie : 1.** se lève en colère, et jette tous les oreillers à Toinette. – **2.** lui mettant rudement un oreiller sur la tête, et puis fuyant. – **3.** tout essoufflé, se jette dans sa chaise. – **4.** accommodant les oreillers qu'elle met autour d'Argan.

INFO
C'est Argan qui est le personnage central du *Malade imaginaire* de Molière. Veuf, il s'est remarié avec Béline qui n'attend en réalité que la mort de son mari pour pouvoir hériter.

Béline. .... – Levez-vous, que je mette ceci sous vous. [...] Mettons celui-ci derrière votre dos, et cet autre-là pour soutenir votre tête.

Toinette. .... – Et celui-ci pour vous garder du serein.[1]

Argan. .... – Ah ! coquine, tu veux m'étouffer. [...] .... Ah! ah ! ah ! je n'en puis plus.

1. Vapeur humide et froide qui apparaît au coucher du soleil.

Molière, *Le Malade imaginaire*, 1673.

3 **Dans une des scènes du *Malade imaginaire* de Molière, la servante Toinette se fait passer pour un médecin auprès de son maître. Rédige sur ton cahier de rédaction un dialogue illustrant cette situation.**

ATTENTION
Pense à rédiger une chute comique à la scène !

4 **Sur ton cahier de rédaction, imagine la suite de ce dialogue mettant en scène un quiproquo.**

Un père et son fils discutent. Pierre, le fils, parle d'un jeu vidéo, tandis que son père croit qu'il parle d'une voiture.

PIERRE. – Tu as vu le dernier modèle ?

LE PÈRE. – Oui, je vais aller l'essayer demain…

COUP DE POUCE
Rédige au moins huit répliques supplémentaires. Réfléchis à des phrases pouvant s'appliquer aussi bien au jeu vidéo qu'à la voiture.

Le comique de mots

- L'écrivain fait naître aussi le rire en utilisant le comique de mots : jeux sur les mots, les niveaux de langue, les répétitions, le sens propre et figuré, apartés (répliques que seul le public est censé entendre)…
Voici un exemple de **comique de mots** basé sur la répétition tiré des *Fourberies de Scapin* de Molière.

> ARGANTE. – Mon Dieu ! fort bien. Laisse-moi un peu *quereller* en repos.
>
> SCAPIN. – Vous voulez *quereller* ?
>
> ARGANTE. – Oui, je veux *quereller*.

Molière, *Le Malade imaginaire*, 1673.

5 À TOI DE JOUER
À partir de la situation exposée ci-dessous, imagine deux petits dialogues comiques entre M. Follavoine et Rose, puis entre M. et Mme Follavoine.

INFO
Les Hébrides sont des îles écossaises.

1. Dans *On purge Bébé !* de G. Feydeau (1910), M. Follavoine cherche où se trouvent les Hébrides. Il demande à Rose, la servante, si elle le sait. Celle-ci croit qu'il parle d'un objet…
2. Une fois Rose sortie, Mme Follavoine arrive. Son mari lui posant la même question, elle lui propose de chercher dans le dictionnaire… et le trouve déjà ouvert à la lettre Z ! Elle se moque de lui, et cherche alors les Hébrides à la lettre… E.

ATTENTION
N'oublie pas d'indiquer le nom des personnages au début de chaque réplique et de proposer des didascalies.

Corrigés p. 11

RÉDIGER UN TEXTE

20 Écrire un épisode de récit de chevalerie à partir d'une image

Analyser une image

Au Moyen Âge, les moines copistes illustraient les manuscrits avec des enluminures ; ils maîtrisaient l'art de l'image.

- Lorsque tu analyses une image, intéresse-toi d'abord aux **personnages** : combien y en a t-il ? Observe-les : comment sont-ils habillés ? Dans quelle position sont-ils (debout, assis, à genoux, à cheval, la main levée...) ? Que font-ils ? Que nous dit leur regard (exprime-t-il le défi, la confiance...) ?, etc.
- Observe ensuite les autres éléments de l'image qui t'apporteront des informations supplémentaires sur la scène représentée :
  – le **lieu** ou le **paysage** (une forêt, une fontaine, un gué, un pont-levis, un donjon...) ;
  – les **objets** (un livre, une épée, un écu, une croix...).

  Grâce à cette observation attentive, tu pourras deviner ce que les personnages sont en train de faire, et imaginer ce qui s'est passé avant ou après cette scène.

1 **Regarde attentivement l'image ci-dessous, puis réponds aux questions.**

Lancelot combattant les dragons du Val sans Retour, vers 1470, enluminure extraite de *Lancelot du Lac*, BnF, Paris.

1. Observe le personnage de droite. À quoi reconnais-tu qu'il s'agit d'un chevalier ?

....

....

2. Qui sont les personnages situés à gauche de l'image ? (Cite leurs caractéristiques.)

....

....

....

COUP DE POUCE
Tu peux t'aider de l'unité 15, p. 32.

3. Observe le décor : où se passe la scène ? Que distingue-t-on à l'arrière plan ?

....

....

4. Décris l'attitude des personnages.

....

....

COUP DE POUCE
Observe leurs postures respectives. Pourquoi le chevalier a-t-il le bras levé et le pied en avant ?

5. Tu as maintenant compris le sens de cette enluminure. En quelques lignes, décris sur ton cahier de rédaction l'épisode représenté, puis imagine l'issue de cette rencontre.

Raconter un épisode d'un roman de chevalerie

Dans un roman de chevalerie, le héros – un chevalier – traverse des **épreuves difficiles** au cours desquelles il révèle ses faiblesses et ses qualités (voir p. 33). Certains lieux (une fontaine), des animaux (une licorne), des objets (une clé), etc., peuvent posséder des pouvoirs magiques, apparaître par enchantement... C'est ce que l'on appelle le **merveilleux**. Pour captiver leur auditoire et relancer leur intérêt, les auteurs ont recours à :

- des **comparaisons** ou des **métaphores** ;

  Tout le monde est en lice au milieu d'une véritable ***forêt de lances****.*

  (Ici, le mot est une métaphore qui désigne les nombreuses lances.)

- des **exagérations** et des **accumulations**.

  Les lances se brisent, les écus se trouent, les hauberts se faussent, et se rompent, les selles se vident, les chevaliers font la culbute, les chevaux suent et écument.

2 À TOI DE JOUER

À partir de l'observation de l'enluminure ci-dessous, rédige sur ton cahier de rédaction un épisode de récit de chevalerie.

Lancelot passant le Pont de l'Épée, combat de Lancelot et des lions, combat de Lancelot et de Méléagant, manuscrit copié dans le Hainaut en 1344, BNF, Paris.

COUP DE POUCE

- Commence par décrire le héros, Lancelot.
- Tu peux recourir à des accumulations de verbes d'action pour faire comprendre l'intensité d'un combat.
- Insère quelques éléments merveilleux dans ton récit : une rivière enchantée (épreuve n° 1), des lions (épreuve n° 2) apparus comme par magie...
- Essaie d'inventer une comparaison. Ex. Tel un..., *le chevalier brandit son épée.*

a. Comme dans l'exercice 1, commence par observer l'image.

Le héros est représenté trois fois : identifie les trois actions qu'il accomplit successivement, et analyse à chaque fois son attitude, ses gestes... Observe également ses adversaires, s'il en a, et les lieux où il se trouve.

b. Une fois que tu as rassemblé ces éléments, rédige ton épisode.

- Découpe ton récit en 3 paragraphes consacrés à chacune des épreuves représentées sur l'enluminure.
- Puis imagine ce qui pourra se passer une fois que le chevalier aura accompli toutes ces épreuves. (As-tu remarqué qu'il était observé par de nombreuses personnes lors du tournoi final ?)

Corrigés p. 12

RÉDIGER UN TEXTE

21 Imaginer un récit d'aventures

Déterminer les éléments clés d'un récit d'aventures

- Le roman d'aventures est un récit fertile en **péripéties**. Le héros, souvent jeune et intrépide, se trouve confronté à des situations dangereuses et imprévues.
- L'action se déroule dans des **lieux lointains** souvent sauvages et **dangereux**. Confronté à de nouveaux modes de vie, le personnage se remet en cause et évolue.
- Tout au long de ses aventures, le héros poursuit un **but** ou une **quête** : découverte d'un trésor, découverte scientifique, volonté de s'enrichir…
- Sur sa route, il rencontre des personnages qui l'empêchent d'atteindre son but (les **opposants**), ou qui, au contraire, lui apportent leur aide (les **adjuvants**).

★ **1** **Définis le héros, le lieu et les opposants de chacun des résumés suivants.**

Héros : une exploratrice – un groupe de collégiens – un scientifique
Lieu : avion – en Égypte – en mer – sur une île indonésienne
Opposants : calmars – le désir de pouvoir des uns et des autres – pieuvres – mercenaires

1. Je suis ………………………… parti ………………………… à la poursuite du mystérieux monstre marin dont parle le monde entier. Des ………………………… et des ………………………… géants nous en font voir de toutes les couleurs.

2. Nous sommes ………………………… voyageant vers Bali. Durant le vol, notre ………………………… s'écrase ………………………… . Nos accompagnateurs trouvent la mort dans ce crash. Livrés à nous-mêmes dans une nature sauvage et paradisiaque, nous tentons de nous organiser en reproduisant le modèle d'une société. Mais bien vite, ………………………… compromet nos efforts collectifs pour survivre.

3. Je suis ………………………… passionnée d'archéologie. Je me rends ………………………… sur l'invitation d'un ami souhaitant me montrer un hiéroglyphe énigmatique. Sur place, une équipe de ………………………… nous tend un piège et nous enlève.

> **COUP DE POUCE**
> Les indices présents dans chaque paragraphe te permettent de comprendre quelle est la situation générale.

★★ **2** **À partir de ce début de roman, imagine quel peut en être le héros et sa quête.**

> Des hommes, qui cherchaient à l'aveuglette dans les ténèbres arctiques, avaient découvert un métal jaune, et des compagnies de paquebots et de navigation claironnaient la trouvaille : voilà pourquoi des milliers d'êtres humains se ruaient vers les terres du Nord.

J. London, *L'Appel sauvage* (1903), trad. F. Klein, © éd. Phébus, 2003.

> **COUP DE POUCE**
> Quel est ce métal jaune si précieux ?

Le héros est certainement un homme parti ………………………… pour………………………… . On peut penser qu'il va ………………………… .

Fixer les étapes du récit d'aventures

- Un récit d'aventures s'organise en cinq étapes.

Situation initiale	1. L'action n'a pas encore commencé : on présente le héros, les autres personnages, et le décor.
Élément perturbateur	2. Un événement vient bouleverser l'existence ou les projets du héros et provoque le début des péripéties.
Péripéties	3. Le héros affronte une suite d'aventures plus ou moins dangereuses : combat contre des animaux sauvages, dangers naturels, confrontation avec des peuples ou des créatures inconnus...
Élément de résolution	4. Un événement met fin aux péripéties et aboutit à la situation finale.
Situation finale	5. On présente la situation du héros à la fin de l'histoire : il a changé, il a appris des choses sur lui-même et sa situation a évolué.

3 **Complète les synopsis suivants de ces trois récits d'aventures.**

Situation initiale	Élément perturbateur	Péripéties	Résolution et situation finale
1. Un informaticien parvient à pénétrer sur le site de terroristes chinois.	Il découvre qu'un attentat va bientôt avoir lieu, mais il se fait repérer.	Le héros est obligé de fuir. Dans sa cavale, des amis l'aident à se cacher, mais il est sans cesse en danger.	....
2. Un jeune scientifique part implanter une station météo en Antarctique.	....	Le héros cherche à atteindre le camp de base à l'aide de sa seule boussole.	....
3. Un botaniste se rend dans la forêt amazonienne afin de trouver une plante rare.	Il trouve la plante... mais se fait enlever par une tribu d'Indiens. La plante est pour eux sacrée, ils veulent le tuer.	....	Le héros est parvenu à se faire accepter par la tribu. Il choisit de rester parmi ses nouveaux amis.

INFO

Dans le domaine du cinéma, un synopsis est le résumé condensé d'un scénario de film. Ici, le terme est utilisé pour désigner le descriptif d'un récit d'aventures en ses principales étapes.

4 À TOI DE JOUER

Rédige maintenant sur ton cahier de rédaction le synopsis de ton récit d'aventures, en respectant les cinq étapes citées ci-dessus. Imagine au moins deux péripéties et raconte à la 3e personne du singulier.

COUP DE POUCE

Tu peux reprendre des propositions de l'exercice précédent, ou bien en inventer de nouvelles.

Corrigés p. 12

RÉDIGER UN TEXTE

22 Décrire un lieu, un décor

Choisir les lieux et les décors de son roman d'aventures

- Dans un récit d'aventures, les lieux où se déroule l'action sont souvent dangereux, mystérieux, inconnus, sauvages… afin que des aventures puissent s'y produire !
  Ils peuvent être très **divers** : une grotte, une île perdue en mer, une forêt épaisse, un paysage de montagne, les pentes d'un volcan, un sous-marin…
- Une **impression générale** doit se dégager du lieu (ou du décor) : il peut être agréable, enchanteur, inquiétant, menaçant…

1 **Pour chaque description, choisis dans la liste le ou les adjectifs qui traduisent le mieux l'impression générale que le lieu produit sur le héros :** inhospitalier – inquiétant – intrigant – merveilleux – répugnant.

ATTENTION
Vérifie le sens dans un dictionnaire si tu hésites.

1. Des cristaux de quartz opaque, ornés de limpides gouttes de verre et suspendus à la voûte comme des lustres semblaient s'allumer à notre passage. On eût dit que les génies du gouffre illuminaient leur palais pour recevoir les hôtes de la terre.

J. Verne, *Voyage au centre de la Terre*, 1864.

Le lieu paraît ....

2. Une haute forêt de sapins, sombre et oppressante, disputait son lit au fleuve gelé. […] Les arbres se pressaient les uns contre les autres, noirs et menaçants dans la lumière blafarde du crépuscule.

J. London, *Croc Blanc*, trad. P. Sabathe, © éd. Rouge et or (1981), Presses Pocket (1990).

Le lieu paraît ....

2 **Coche les mots appropriés qui décrivent l'impression produite par le lieu.**

COUP DE POUCE
Laisse-toi guider par le sens du texte et tu trouveras facilement les adjectifs appropriés.

Sa situation était loin d'être désespérée. Certes, cette île était apparemment ☐ déserte ☐ habitée. Mais cela ne valait-il pas mieux que si elle avait été peuplée de cannibales ? En outre, elle paraissait assez ☐ accueillante ☐ inhospitalière avec sa belle plage au nord, […] sa grande forêt à l'ouest, et en son centre, ce massif rocheux que perçait une grotte ☐ mystérieuse ☐ confortable et qui offrait un point de vue ☐ magnifique ☐ effroyable sur tout l'horizon.

M. Tournier, *Vendredi ou la Vie sauvage*, © éd. Gallimard, 1971.

Organiser et enrichir une description

- La description marque une **pause** dans le récit. Elle permet de faire voir au lecteur les lieux et les décors dans lesquels les personnages agissent.
  Elle peut se faire à partir d'un **point fixe**, ou à partir du **regard d'un personnage qui avance** dans ce décor.

▶ L'écrivain recourt à différents outils pour décrire le lieu de son roman :
- des **mots de liaison spatiaux** (*devant, à l'arrière, au-dessous, à côté, au premier plan, en contrebas...*) et des **CC de lieu** (*au pied du rocher, à l'orée de la forêt...*) ;
- des **comparaisons** : *Le feuillage des arbres faisait comme une mer verte.*
- le **vocabulaire** des formes et des couleurs, de la flore et de la faune, du relief...
- des **verbes de perception** visuelle : (*admirer, observer, scruter, contempler, lorgner, examiner, inspecter, épier...*).

3 **Complète le texte suivant avec les termes proposés :**
arbres paludéens – une étendue marécageuse – feuillage – pins – un terrain.

> Après avoir traversé .... couverte de saules, de joncs et d' .... aux formes bizarres et exotiques, je me trouvais maintenant au bord d' .... ondulé et sablonneux, long d'un mille environ, parsemé de quelques .... et de plusieurs arbres rabougris, semblables à des chênes, mais dont le .... pâle rappelait celui des saules.

R. L. Stevenson, *L'Île au trésor* (1881), trad. P. Lorain © Le Livre de Poche, Hachette Jeunesse.

COUP DE POUCE
Les deux paysages s'opposent par leurs différentes caractéristiques : d'un côté, un paysage de forêt humide ; de l'autre, un paysage aride et encaissé.

4 **a. Classe dans le tableau les termes suivants, selon le lieu auquel ils renvoient.**
Caractéristiques physiques : canyons – cascades majestueuses – érosion – étendue désertique – fleuve long de plusieurs milliers de kilomètres – marécages – roches composées de nombreuses strates – zones dévastées par la déforestation
Faune : bison – caïman – coyote – jaguar – rapace – toucan
Flore : palissandres – cactus – séquoias – lianes – pins verts – végétation luxuriante

La jungle amazonienne	L'Ouest américain
....	....
....	....

b. À l'aide des termes du tableau, rédige en quelques lignes une description de la jungle amazonienne ou de l'Ouest américain sur ton cahier de rédaction.

5 **À TOI DE JOUER**
À partir du synopsis que tu as construit p. 45, décris maintenant le lieu principal de ton récit d'aventures sur ton cahier de rédaction.
Ce lieu doit présenter quelque chose de particulier pour ton aventure : dangers, mystères... Utilise un vocabulaire adapté à ce lieu pour décrire sa forme, sa végétation, la lumière...

COUP DE POUCE
Pour la question 5, rédige ta description au présent ou à l'imparfait, à la 3e personne. Demande-toi comment ton personnage regarde le lieu ; est-il immobile ou en mouvement ?

Corrigés p. 13

RÉDIGER UN TEXTE

23 Décrire un héros de récit d'aventures

Construire un portrait physique

- On commence généralement par décrire l'**allure générale** du personnage : sa taille, sa manière de se tenir ou de marcher, ses vêtements... Les attitudes d'un personnage renseignent sur son caractère. Par exemple, il est peu vraisemblable qu'un personnage fier se tienne vouté ou qu'un personnage timide bombe le torse.
Puis on donne des détails plus précis sur des parties du corps, notamment le **visage**.

> Représentez-vous un homme grand, maigre, d'une santé de fer, et d'un blond juvénile qui lui ôtait dix bonnes années de sa cinquantaine. Ses gros yeux roulaient sans cesse derrière des lunettes considérables ; son nez, long et mince, ressemblait à une lame affilée.

J. Verne, *Voyage au centre de la Terre*, 1864.

- On rédige un portrait physique à l'**imparfait** (dans un récit au passé) ou au **présent** (dans un récit au présent). On utilise essentiellement des **verbes d'état** (être, paraître, sembler, devenir, rester) suivis d'**adjectifs** ou de **GN**, ou le **verbe *avoir*** suivi d'un GN.

Cet un homme de petite taille avait une incroyable assurance dans son regard.

1 **Complète le portrait suivant à l'aide des noms proposés :**
lèvres – teint – épaules – physionomie – figure – têtes – yeux.

> Passepartout était un brave garçon, de .... aimable, aux .... un peu saillantes toujours prêtes à goûter ou à caresser, avec une de ces bonnes .... rondes que l'on aime à voir sur les .... d'un ami. Il avait les .... bleus, le .... animé, la .... assez grasse.

J. Verne, *Le Tour du monde en 80 jours*, 1873.

ATTENTION
Prête attention aux adjectifs : ils t'aideront à trouver les noms auquel ils sont associés.

2 **a. Retrouve à quelle partie du corps correspond chaque adjectif :**
bouclés – bombé – grec – longilignes – ovale – pâle – robustes – verts.

cheveux	....	nez	....
épaules	....	teint	....
front	....	visage	....
jambes	....	yeux	....

ATTENTION
Il n'y a qu'un adjectif qui convienne à chaque nom.

b. Réutilise les GN que tu viens de créer dans le portrait d'un personnage imaginaire.

....

....

Imaginer un portrait moral

- Le héros d'un roman d'aventures se retrouve dans des situations extrêmes qui révèlent son **caractère**. Ses qualités sont la curiosité, la prudence, la réflexion, le courage et une certaine habileté physique.
Mais il peut bien sûr connaître des instants de faiblesse (solitude, peur, fatigue...).
- Un portrait moral peut se faire :
– de manière **statique** ;

> On ne l'avait jamais vu ni ému ni troublé. C'était l'homme le moins hâté du monde mais il arrivait toujours à temps.

J. Verne, *Le Tour du monde en 80 jours*, 1893.

– **au sein du récit**, en pleine action. C'est le cas le plus courant dans les récits d'aventures : le comportement et les paroles du héros renseignent sur son caractère, ses défauts et ses qualités.

3 **Après avoir lu l'épisode suivant, coche trois qualités caractérisant le personnage en action.**

> Il me fallait trouver un nouveau moyen de fuite, et cela, immédiatement, car mon ennemi me touchait presque. Rapide comme la pensée, je bondis dans les haubans [...], grimpai main sur main à toute allure, et ne repris haleine qu'une fois établi sur les barres de hune. Ma promptitude me sauva ; le poignard se ficha à moins d'un demi-pied au-dessous de moi, tandis que j'effectuai mon ascension.

R. L. Stevenson, *L'Île au trésor* (1881), trad. P. Lorain © Le Livre de Poche, Hachette Jeunesse.

❑ agilité – ❑ amabilité – ❑ curiosité – ❑ prudence – ❑ vivacité d'esprit – ❑ sang-froid

INFO
- Les *haubans* sont les câbles qui maintiennent le mât d'un bateau.
- La *hune* est une petite plateforme située sur un mât.

4 **À partir de la situation qui t'est proposée, rédige un court épisode illustrant le courage du personnage.**

Un jeune lieutenant aborde sur le bateau de pirates afin de libérer sa compagne qui a été enlevée...

....

....

....

....

....

....

COUP DE POUCE
Ce sont les actions du personnage qui doivent mettre en évidence son courage.

5 **À TOI DE JOUER**
Tu vas maintenant décrire le héros de ton récit d'aventures. Rédige dans un premier temps son portrait physique. Puis imagine un bref épisode dans lequel tu montreras ses principales qualités.
Travaille sur ton cahier de rédaction.

COUP DE POUCE
- Le héros de romans d'aventures peut être un chercheur d'or, un naufragé, un explorateur, un navigateur solitaire... Tu peux aussi t'inspirer de l'actualité.
- Mais n'oublie pas que ton personnage doit s'accorder avec les éléments de ton récit (ceux que tu as déjà imaginés dans les leçons 22 et 23).

Corrigés p. 13

24 Insérer un dialogue dans un récit

Introduire des paroles dans un récit

- Dans un récit, le narrateur peut **rapporter des paroles** prononcées par ses personnages. Cela permet de donner plus de vie au récit.

> « C'est la deuxième fois que je vous *appelle*, ***dit*** Mr. Fogg.
> – Mais il n'est pas minuit, ***répondit*** Passepartout, sa montre à la main.
> – Je le *sais*, ***reprit*** Phileas Fogg, et je ne vous *fais* pas de reproche. Nous ***partons*** dans dix minutes pour Douvres et Calais. »

Jules Verne, *Le Tour du monde en 80 jours*, 1873.

- Observe l'exemple ci-dessus et retiens que :
  – les paroles sont introduites par des **verbes de parole** (verbes en gras) ;
  – elles sont délimitées par des **guillemets** ;
  – le changement de locuteur est indiqué par un **tiret** ;
  – le temps de base dans le dialogue est le **présent** (verbes en gras).

★ 1 Le dialogue ci-dessous est bien mal présenté : recopie-le correctement sur ton cahier de rédaction en signalant les changements d'interlocuteur.

Nous sommes au début du roman. Mr. Fogg engage Passepartout à son service.

> Passepartout me convient, répondit le gentleman. Vous m'êtes recommandé. J'ai de bons renseignements sur votre compte. Vous connaissez mes conditions ? Oui, monsieur. Bien. Quelle heure avez-vous ? Onze heures vingt-deux, répondit Passepartout, en tirant de son gousset une énorme montre d'argent. Vous retardez, dit Mr. Fogg. Que monsieur me pardonne, mais c'est impossible. Vous retardez de quatre minutes. N'importe. Il suffit de constater l'écart. Donc, à partir de ce moment, onze heures vingt-neuf du matin, ce mercredi 2 octobre 1872, vous êtes à mon service.

J. Verne, *Le Tour du monde en 80 jours*, 1873.

COUP DE POUCE
Tu dois aller six fois à la ligne et ajouter six tirets. N'oublie pas les guillemets.

★★ 2 Classe les verbes de parole suivants dans le tableau :

ajouter – approuver – bredouiller – conclure – hurler – interrompre – murmurer – nier – promettre – questionner – regretter – répliquer – se plaindre.

Verbes indiquant une réponse ou une conclusion	Verbes indiquant une intention	Verbes indiquant un sentiment	Verbes indiquant un ton de voix
répondre	demander	s'exclamer	s'écrier
....	....	....	....
....	....	....	....
....	....	....	....

COUP DE POUCE
Ces verbes permettent de ne pas toujours répéter le verbe *dire*.

Rédiger les paroles

- Tu dois concevoir des paroles :
  - **conformes au personnage** qui parle ;
  - qui permettent de **faire avancer le récit**.
- Ainsi, les paroles que Phileas Fogg adresse à son domestique, révèlent :
  - qu'il s'agit d'un homme épris d'exactitude (texte de l'exercice 1) ;
  - qu'il part faire le tour du monde avec son domestique (texte du 1er encadré).

3 **Voici un dialogue bien énigmatique ! Remets les répliques dans l'ordre, en les numérotant de 1 à 5.**

En répondant aux questions de Fix, l'inspecteur de police, Passepartout bavarde un peu trop…

Quelques instants après, Fix lui disait :

« Vous avez donc quitté Londres précipitamment ?

.... – Le tour du monde ? s'écria Fix.

.... – Toujours devant lui ! Il fait le tour du monde !

.... – Mais où va-t-il donc, votre maître ?

.... – Oui, en quatre-vingts jours ! Un pari, dit-il, mais, entre nous, je n'en crois rien. Cela n'aurait pas le sens commun. Il y a autre chose. »

.... – Je le crois bien ! Mercredi dernier, à huit heures du soir, contre toutes ses habitudes, Mr. Fogg revint de son cercle, et trois quarts d'heure après nous étions partis.

Ibid.

COUP DE POUCE

Trois des répliques sont prononcées par Passepartout qui répond aux questions du détective.

4 À TOI DE JOUER

Poursuis la rédaction de ton récit d'aventures en imaginant un dialogue entre le héros de ton histoire et un autre personnage. Avant de commencer le dialogue, rédige une phrase de récit pour présenter la situation dans laquelle se trouvent les deux personnages.

....

....

....

....

....

....

....

....

COUP DE POUCE

- Le thème de la conversation dépend du personnage auquel s'adresse ton héros. Celui-ci ne s'adressera pas de la même manière à un personnage inconnu qu'à son compagnon d'aventure, par exemple.
- Souviens-toi que la manière dont s'expriment les personnages doit correspondre à leur caractère.

Corrigés p. 13

RÉDIGER UN TEXTE

25 Écrire la fin d'un récit d'aventures

Concevoir un dénouement

- Le dénouement correspond au moment de **résolution de l'intrigue**. Le héros se trouve dans une situation difficile, qui compromet la réussite de sa quête. Par exemple : il semble sur le point de perdre un combat ; il est emprisonné ; il est perdu dans une forêt inconnue... Un élément nouveau, appelé « élément de résolution », permet alors un **retournement de situation** et met un terme définitif aux péripéties.
- Cet élément peut consister en l'arrivée d'un personnage, une action ou un événement favorable. Par exemple : un personnage apporte son aide ; le héros fait une découverte ou a une nouvelle idée...

1 **Trouve quel élément de résolution permet de résoudre chaque situation difficile.**

Situation difficile	Élément de résolution
1. Le héros est en train de combattre un animal dangereux, mais il n'a plus d'arme... •	• a. Il remarque soudain une plante qui pousse tournée vers le soleil, et la prend comme repère pour retrouver son chemin.
2. Le navire du héros est en train de couler dans une mer remplie de requins... •	• b. Au moment de le déshabiller, les hommes de la tribu découvrent sur lui un bijou sacré, et décident de le relâcher.
3. Le héros est perdu au milieu de la jungle amazonienne et il vient de manger ses dernières ressources... •	• c. Il ramasse un bout de bois et, s'approchant de son adversaire au maximum, le bloque dans sa mâchoire.
4. Le héros est fait prisonnier par une tribu cannibale... •	• d. Heureusement, un SOS a pu être envoyé, et un navire arrive sur les lieux.

2 **Rédige en quelques phrases un élément de résolution possible pour la scène suivante.**

> Une clameur effroyable s'éleva du navire, couvrant les craquements de bois brisé. *Le Martinez* éventré donna aussitôt de la bande. Je me souvins alors que les ceintures de sauvetage étaient accrochées aux parois du salon des passagers et me précipitai pour en saisir une. En vain ! Au seuil de la porte, je fus refoulé par une cohue en proie à la panique.

J. London, *Le Loup des mers* (1904), trad. G. Berton © éd. Gallimard, 1977.

....

....

....

....

INFO

- *Martinez* est le nom du navire.
- *Donner de la bande* signifie « pencher ».

COUP DE POUCE

Imagine quelles actions permettront à l'équipage de survivre.

Rédiger une situation finale

- La situation finale succède au dénouement et marque un retour à la **stabilité**. Le héros a surmonté tous les obstacles et les problèmes qu'il a rencontrés au fil de l'histoire. **Il a changé**, appris sur lui-même et sur le monde qui l'entoure. L'auteur doit préciser ce que lui et ses amis vont devenir : le héros peut se marier, exercer un nouveau métier, être devenu riche…
- Le narrateur peut intervenir dans la situation finale afin d'exprimer ce que le héros ressent ou commenter son parcours (voir l'exercice 3). Il est possible de recourir à un dialogue pour rendre ce tableau final plus vivant.

3 Lis la situation finale suivante, puis complète le tableau à partir des informations que tu auras recueillies.

> Ainsi donc Phileas Fogg avait gagné son pari. Il avait accompli en quatre-vingts jours ce voyage autour du monde ! […] Mais après ? Qu'avait-il gagné à ce déplacement ? Qu'avait-il rapporté de ce voyage ? Rien, dira-t-on ? Rien, soit, si ce n'est une charmante femme, qui […] le rendit le plus heureux des hommes ! En vérité, ne ferait-on pas, pour moins que cela, le Tour du Monde ?

J. Verne, *Le Tour du monde en 80 jours*, 1873.

Début du roman : quelle est la quête initiale du héros ?	………………………………………… …………………………………………
Fin du roman : quels sont les changements survenus dans sa vie ?	………………………………………… …………………………………………

COUP DE POUCE
Lis attentivement les deux premières phrases pour trouver la quête initiale.

4 Rédige en quelques lignes une situation finale possible à cette histoire.

Un aventurier quitte l'Europe pour s'installer en Amérique dans un coin retiré. Il achète avec ses économies un bout de terre sur lequel il élève du bétail et cultive des céréales. Un jour, la rumeur se répand qu'il a découvert une pépite d'or sur son terrain. Des aventuriers investissent bientôt son terrain afin d'y chercher de l'or : un combat acharné pour la possession de cette terre s'engage.

…………………………………………………………………………

…………………………………………………………………………

…………………………………………………………………………

…………………………………………………………………………

COUP DE POUCE
Et si la rumeur était fausse… ?

5 À TOI DE JOUER

Poursuis la rédaction de ton récit d'aventures en imaginant un obstacle rencontré par le héros. Conclus en présentant la situation dans laquelle se trouve ton héros à la fin de l'histoire.

ATTENTION
Ton récit doit se diviser en deux paragraphes, l'un pour le récit de l'obstacle (raconte comment le héros choisit d'affronter l'épreuve et de la surmonter), l'autre pour la situation finale.

Corrigés p. 14

26 Saisir et mettre en pages un récit

Maîtriser le clavier

- Pour obtenir des lettres **majuscusles**, presse la lettre désirée en même temps que la touche « Maj » (ou « Schift »). Cette touche permet également de saisir les caractères situés en haut des touches (point, point d'interrogation, tréma...). La touche « Verr Maj » (ou « Caps Lock ») sert à « bloquer » le clavier en majuscules. Si tu as besoin des caractères situés en bas à droite des touches (@ par exemple), presse la touche « Alt Gr » en même temps que le caractère souhaité.

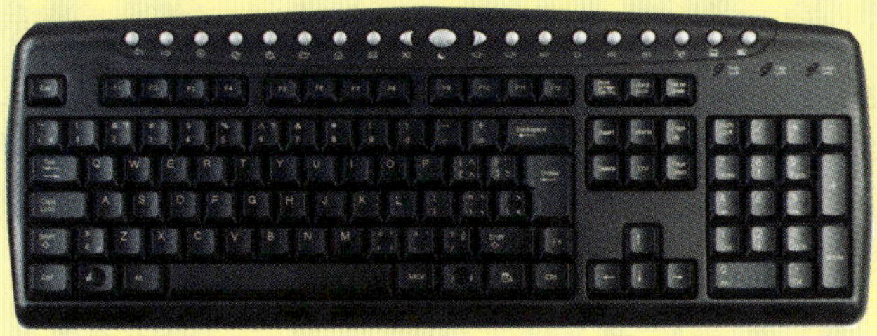

- Pour insérer des **espaces**, sers-toi de la barre horizontale du clavier. Mais attention, il y a certaines règles à respecter :
  - pour le point et la virgule : pas d'espace avant mais un espace après ;
  - pour les points d'interrogation et d'exclamation, le point-virgule et les deux-points : un espace avant et un après.

★ 1 Saisis le texte suivant en ajoutant la ponctuation et les majuscules nécessaires.

Gédéon Spilett immobile les bras croisés était alors sur la grève regardant la mer dont l'horizon se confondait dans l'est avec un gros nuage noir qui montait rapidement vers le zénith le vent était déjà fort et il fraîchissait avec le déclin du jour tout le ciel avait un mauvais aspect et les premiers symptômes d'un coup de vent se manifestaient visiblement

J. Verne, *L'Île mystérieuse*, 1874.

COUP DE POUCE
Il y a six virgules à placer, et trois points.

★★ 2 a. Recopie ce dialogue en le présentant avec des guillemets et des tirets.

Un ballon dirigeable trop lourd est en train de retomber sur le sol...

Pour Dieu ! Jetez du lest !/ Voilà le dernier sac vidé !/ Le ballon se relève-t-il ?/ Non !/ J'entends comme un clapotement de vagues !/ La mer est sous la nacelle !

Ibid.

ATTENTION
Les barres t'indiquent le changement d'interlocuteur.

b. Saisis maintenant le dialogue que tu as rédigé dans le dernier exercice de la fiche 25. Respecte bien les règles de présentation.

Former des paragraphes

- Pour qu'il ne se présente pas d'un seul bloc, tu dois diviser ton texte en paragraphes. Pour créer ton paragraphe sur l'ordinateur, tu places le curseur à la fin de la dernière phrase du paragraphe en cours et tu appuies sur la touche « Entrée » ou (« Enter »).
- À chaque début de paragraphe, n'oublie pas d'insérer un alinéa avec la touche « Tab » (au-dessus de la touche « Verr Maj »).

La fonction « copier-coller »

- Si tu veux **déplacer des mots** ou des phrases pour les insérer ailleurs dans ton document, tu peux utiliser la fonction « Copier-Coller ».
- Sélectionne ton passage à déplacer, puis clique sur « Copier » dans l'onglet « édition ». Place ensuite ton curseur à l'endroit souhaité, et clique sur « Coller » dans l'onglet « édition ».

Les indications et les visuels des chapitres 26 et 27 font référence au traitement de texte d'Open Office.

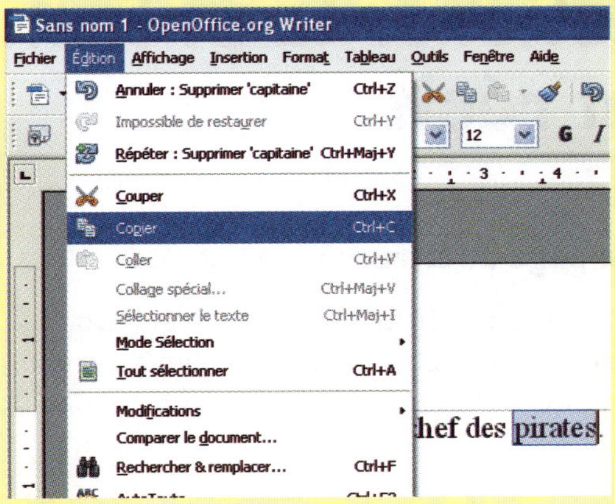

3 **Dans un autre fichier, saisis les quatre autres passages de ton récit d'aventures (ceux imaginés aux p. 44 à 52). Puis introduis à la bonne place le dialogue tapé dans l'exercice 2. b. à l'aide de la fonction « Copier-Coller ». Divise ensuite ton récit d'aventures en paragraphes**

ATTENTION
Souviens-toi : un paragraphe = une idée.

S'aider du correcteur d'orthographe

- Dans la barre d'outils, tu trouveras deux icônes « ABC ». Celle de gauche permet d'activer ou désactiver le correcteur. Celle de droite permet de corriger les erreurs signalées en rouge. Si tu cliques dessus, un tableau te suggérant des propositions de remplacement apparaîtra.
- Attention, le correcteur **n'est pas un outil infaillible** ! Lorsque tu n'es pas d'accord avec une de ses propositions, clique sur « Ignorer »

4 **Les mots suivants sont mal orthographiés ! Copie-les correctement sur ton ordinateur.**

arreter – chateau – egoiste – foret – gout – ile – la-bas – londres – noel – traineau

5 **a. Recopie sur ton ordinateur l'extrait suivant en corrigeant les fautes qui s'y trouvent.**

> On était au 6 mai, jour qui correspont au 6 novembre des contrées de l'émisphère boréal. [...] Si le froid ne menasait pas encore, la saison des pluies étaient prochaine, et sur cette ile isolé [...] en pleine océan Pacifique, les mauvais temps devaient être fréquent [...].

Ibid.

b. Relis à présent ton récit d'aventures pour corriger les fautes d'orthographe qui pourraient subsister.

COUP DE POUCE
Vérifie tous les accords sujet-verbe et nom-adjectif.
Il y a dix fautes.

Corrigés p. 14

27 Améliorer la présentation d'un récit

Créer une page de titre

- Après avoir saisi l'intégralité d'un récit et l'avoir organisé en paragraphes, il est possible d'enrichir sa présentation afin de lui donner l'aspect d'un livre.
- La page de titre est importante, car c'est elle qui doit donner envie de lire le texte. Le **titre** du récit doit être composé dans une **grande police, et centré**, afin d'être bien visible. En haut et en bas de page, on ajoute les autres informations : le nom de l'auteur, l'année…

Claude Bernard

La colline aux secrets

Collège Jean Jaurès — Janvier 2010

★ 1 La création de la page de titre.

En t'inspirant de l'exemple ci-dessus, crée la page de titre de ton récit d'aventures. Tu feras figurer ton nom, ta classe, le nom de ton collège, et l'année.

Numéroter les pages et créer un sommaire

- Pour insérer des **numéros de page**, clique d'abord sur « Pied de page » dans l'onglet « Insertion » de la barre d'outils, et sélectionne l'option « Standard ». Ensuite, clique de nouveau sur l'onglet « Insertion », puis « Champ », et enfin « Numéro de page ».
- Dans ton **sommaire**, tu dois faire apparaître le nom de chaque chapitre, suivi du numéro de page correspondant.
- Veille à ce que tous les numéros de page soient alignés (c'est-à-dire qu'ils apparaissent sur la même ligne verticale) : sers-toi pour cela de la touche « Tab ».

★★ 2 La création du sommaire

a. Donne un titre à chacun des chapitres qui composent ton récit.

b. À la suite de la page de titre, sur une nouvelle page, crée ton sommaire en y intégrant le nom des chapitres.

COUP DE POUCE
Le titre peut être un GN ou une phrase courte servant de résumé à l'épisode.

★ 3 La présentation des parties

À la suite de ces deux premières pages, présente les quatre parties de ton récit sur quatre pages différentes et fais figurer en haut de chacune d'entre elles le titre que tu as choisi (centre-le et mets-le en valeur en agrandissant la police).

COUP DE POUCE
Pour faire démarrer chaque partie en haut de page, utilise la fonction « Saut de page » (Ctrl + Entrée).

Insérer une image

- Sur la page de titre, ou à l'intérieur d'un récit, il peut être bienvenu d'insérer une image afin de donner envie de lire le récit, ou d'illustrer un épisode en particulier.
- Il te faut une **image numérisée.** Tu peux numériser une image matérielle (photographie, affiche, couverture de livre…) à l'aide d'un **scanner.** Mais tu peux aussi sélectionner une image **sur internet**, sur le site de ton choix. Clique sur l'image qui t'intéresse avec le clic droit de la souris, puis sur « Enregistrer l'image sous ». Enregistre l'image (le format conseillé est JPEG).

- Puis, sur ton document, place ton curseur à l'endroit désiré, et dans l'onglet « Insertion », clique sur « Image » et « À partir d'un fichier ».

4 Le choix d'une illustration originale

Choisis sur internet ou dans tes documents personnels une image pouvant illustrer ta page de titre : elle doit donner envie de lire ton récit sans en dévoiler tout le contenu. Puis insère-la dans ta page de titre. Mets-la bien en valeur en la centrant sous le titre.

COUP DE POUCE

L'image peut démarrer le chapitre ou figurer en cours de chapitre, dans le texte.

Choisir le placement de l'image par rapport au texte

- Pour obtenir la fenêtre représentée ci-contre, fais un clic droit sur ton image, puis sélectionne l'option « Image ». Dans la fenêtre qui s'ouvre, clique sur l'onglet « Adaptation du texte ».
- Selon la disposition que tu souhaites, clique sur l'une des icônes : « Aucun(e) », « Avant », « Après », « Parallèle », « Continu », « Optimal ». Le dessin qui les accompagne

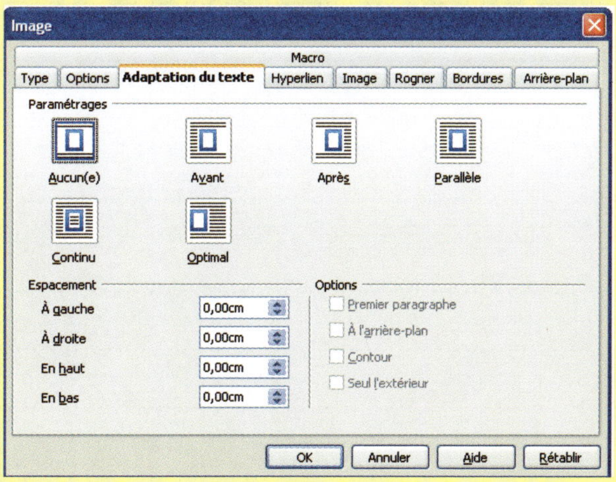

ATTENTION

Certaines images sont protégées par le droit d'auteur et ne peuvent être diffusées sans autorisation.

5 L'illustration des différents chapitres

Pour chacun des chapitres de ton récit, trouve une image illustrant le texte et insère-la en utilisant trois façons différentes de positionner le texte et l'image.

Plus d'exercices sur www.hatier-entrainement.com

Mon cahier de rédaction

Mon cahier de rédaction

30 verbes modèles pour conjuguer sans faute

	Indicatif			
	présent	**futur**	**imparfait**	**passé simple**
avoir	j'ai il a/ils ont	j'aurai il aura/ils auront	j'avais il avait/ils avaient	j'eus/nous eûmes
être	je suis il est/ils sont	je serai il sera/ils seront	j'étais il était/ils étaient	je fus/nous fûmes il fut/ils furent
aimer	j'aime il aime/ils aiment	j'aimerai il aimera/ils aimeront	j'aimais il aimait/ils aimaient	j'aimai/nous aimâmes il aima/ils aimèrent
lancer	il lance/nous lançons	il lancera/nous lancerons	il lançait	il lança/nous lançâmes
manger	il mange/nous mangeons	il mangera/nous mangerons	il mangeait	il mangea/nous mangeâmes
appeler	il appelle/nous appelons	il appellera	il appelait	il appela/nous appelâmes
geler	il gèle/nous gelons	il gèlera	il gelait	il gela/nous gelâmes
jeter	il jette/nous jetons	il jettera	il jetait	il jeta/nous jetâmes
acheter	il achète/nous achetons	il achètera	il achetait	il acheta/nous achetâmes
essuyer	il essuie /nous essuyons	il essuiera	il essuyait /nous essuyions	il essuya/nous essuyâmes
envoyer	il envoie/nous envoyons	il enverra	il envoyait	il envoya/nous envoyâmes
aller	je vais il va	j'irai il ira	j'allais il allait	j'allai/nous allâmes
finir	je finis il finit/ils finissent	je finirai il finira/ils finiront	je finissais il finissait/ils finissaient	je finis/nous finîmes
partir	je pars il part	je partirai il partira	je partais il partait	je partis/nous partîmes
venir	il vient/nous venons	il viendra	il venait	il vint/nous vînmes
courir	il court	il courra	il courait	il courut/nous courûmes
cueillir	il cueille	il cueillera	il cueillait	il cueillit/nous cueillîmes
voir	il voit	il verra	il voyait	il vit/nous vîmes
devoir	il doit	il devra	il devait	il dut/nous dûmes
pouvoir	je peux/il peut	il pourra	il pouvait	il put/nous pûmes
savoir	il sait	il saura	il savait	il sut/nous sûmes
s'asseoir	il s'assied/il s'assoit	il s'assiéra/il s'assoira	il s'asseyait	il s'assit/nous nous assîmes
croire	il croit/nous croyons	il croira	il croyait/nous croyions	il crut/nous crûmes
dire	il dit/vous dites	il dira	il disait	il dit/vous dîtes
faire	il fait/vous faites	il fera	il faisait	il fit/nous fîmes
vivre	il vit	il vivra	il vivait	il vécut/nous vécûmes
prendre	je prends/il prend	il prendra	il prenait	il prit/nous prîmes
peindre	je peins/il peint	il peindra	il peignait/nous peignions	il peignit/nous peignîmes
résoudre	je résous/il résout	il résoudra	il résolvait	il résolut/nous résolûmes
mettre	je mets	il mettra	il mettait	il mit/nous mîmes

	Impératif	Subjonctif	Conditionnel
passé composé	présent	présent	présent
'ai eu l a eu/ils ont eu	aie/ayons ayez	que j'aie/que nous ayons qu'il ait	j'aurais/nous aurions il aurait
'ai été l a été/ils ont été	sois/soyons soyez	que je sois qu'il soit/qu'ils soient	je serais/ nous serions il serait
'ai aimé l a aimé/ils ont aimé	aime/aimons aimez	que j'aime qu'il aime/qu'ils aiment	j'aimerais/ nous aimerions il aimerait
il a lancé	lance/lançons	qu'il lance	il lancerait
il a mangé	mange	qu'il mange	il mangerait
il a appelé	appelle/appelons	qu'il appelle	il appellerait
il a gelé	gèle/gelons	qu'il gèle	il gèlerait
il a jeté	jette/jetons	qu'il jette	il jetterait
il a acheté	achète/achetons	qu'il achète	il achèterait
il a essuyé	essuie/essuyons	qu'il essuie	il essuierait
il a envoyé	envoie	qu'il envoie	il enverrait
je suis allé/il (elle) est allé(e)	va/allons	que j'aille/que nous allions	il irait
j'ai fini	finis	que je finisse	il finirait/nous finirions
je suis parti il est parti	pars/partons	que je parte qu'il parte	il partirait
il est venu	viens/venons	qu'il vienne/que nous venions	il viendrait
il a couru	cours	qu'il coure	il courrait
il a cueilli	cueille/cueillons	qu'il cueille	il cueillerait
il a vu	vois/voyons	qu'il voie/que nous voyions	il verrait
il a dû	dois	qu'il doive/que nous devions	il devrait
il a pu	/	qu'il puisse	il pourrait
il a su	sache	qu'il sache	il saurait
il s'est assis	assieds/asseyons	qu'il s'asseye/qu'il s'assoie	il s'assiérait
il a cru	crois/croyons	qu'il croie	il croirait
il a dit	dis	qu'il dise	il dirait
il a fait	fais/faisons	qu'il fasse/que nous fassions	il ferait
il a vécu	vis	qu'il vive	il vivrait
il a pris	prends	qu'il prenne	il prendrait
il a peint	peins/peignons	qu'il peigne / que nous peignions	il peindrait
il a résolu	résous / résolvons	qu'il résolve	il résoudrait
il a mis	mets/mettons	qu'il mette/que nous mettions	il mettrait